Tu ôl i'r Tiara

Tu ôl i'r Tiara

COURTENAY HAMILTON

gydag Alun Gibbard

ISBN: 978 184771409 1
Argraffiad cyntaf: 2012

Mae'r prosiect Stori Sydyn/Quick Reads yng Nghymru yn fenter ar y cyd rhwng Llywodraeth Cymru a Chyngor Llyfrau Cymru.

Argaffwyd a chyhoeddwyd gan
Y Lolfa, Talybont, Ceredigion SY24 5HE
gwefan www.ylolfa.com
e-bost ylolfa@ylolfa.com
ffôn 01970 832 304
ffacs 832782

CYNNWYS

PENNOD 1:
CANU A CHORONAU

'DAD, MAE'N BRYD I ti fynd lan llofft i wylio'r pêl-droed!'

Dyna fyddai cri daer fy chwaer a fi yn ystod un digwyddiad arbennig bob blwyddyn pan oedden ni'n blant bach. Pam yr holl weiddi? Roeddwn i a'm chwaer, Lauren, yn barod i setlo ar y soffa i wylio cystadleuaeth Miss World ar y teledu. Nid bod yr un o'r ddwy ohonon ni'n breuddwydio am fod ar y llwyfan hwnnw'n cystadlu ryw ddiwrnod. O na, doedd hynny ddim yn wir o gwbl.

Diddordeb digon arwynebol oedd 'da ni yn Miss World. Roedd Lauren a fi'n hoffi gweld y merched yn eu gwisgoedd hyfryd ac astudio steil eu gwallt. Roedd y goleuadau llachar a'r holl sioe yn ein swyno. A bod yn onest, roedd Lauren a fi hefyd yn mwynhau chwerthin ychydig wrth weld pa mor ofnadwy roedd rhai o'r merched yn edrych. Roedd nifer ohonyn nhw'n swnio'n waeth byth wrth gael eu cyfweld. Oedd, roedd hyn yn rhywbeth fyddai'n digwydd yn ein tŷ ni bob blwyddyn am amser hir. Ond doedd dim mwy o awydd 'da fi i fod yn rhan o'r holl sioe nag y byddai 'da fi i fod yn yrrwr lorri!

Syndod mawr iawn i fi, felly, a minnau erbyn hynny'n hŷn, oedd pacio fy magiau'n llawn o ffrogiau hir, crand a hedfan mewn awyren i ben draw'r byd. Mynd i China roeddwn i – i sefyll ar lwyfan yng nghwmni merched ifanc o sawl gwlad arall dros y byd i gyd a chystadlu am y teitl Miss World 2010. Roeddwn i yno ar ôl ennill teitl Miss Cymru 2010, ac yn falch iawn o'r fraint o gael cynrychioli fy ngwlad. Ond dwi'n symud yn llawer rhy gyflym nawr. Fe wna i ddod yn ôl at stori ennill y teitl Miss Cymru a chystadlu am Miss World ymhellach ymlaen.

Pan oeddwn i'n ifanc, doeddwn i ddim yn rhan o fyd y *beauty pageants* o gwbl. Freuddwydies i ddim am gymryd rhan mewn cystadlaethau tebyg tan y flwyddyn yr enilles i'r teitl Miss Cymru. Cyn hynny, roeddwn i'n llawer mwy cyfarwydd â chystadlu mewn eisteddfodau, a dweud y gwir. Yn yr ysgol gynradd a'r ysgol uwchradd, byddwn i'n amlwg iawn yn y cystadlaethau canu. Ond, unwaith eto, fyddai fawr o awydd canu 'da fi chwaith heblaw yn eisteddfodau'r Urdd. Fyddwn i ddim yn edrych ar raglenni teledu yn llawn o sêr pop ifanc nac yn ysu am fod yn debyg iddyn nhw ar ôl tyfu lan. Roedd gwrando ar gerddoriaeth yn ddigon i fi. Erbyn hyn, rydw i'n cael fy hyfforddi i fod yn gantores glasurol ac felly canu yw fy mywyd.

Canu a byd y *beauty queen*. Dyna ddau fyd doeddwn i ddim wedi ystyried bod yn rhan ohonyn nhw pan oeddwn i'n ifancach. Ond y ddau beth yma sydd wedi cael y dylanwad mwya ar fy mywyd yn ystod y flwyddyn ddiwetha. Mae'n rhyfedd sut mae cwrs fy mywyd wedi datblygu a newid. Mae'r bywyd hwn mor wahanol i'r bywyd roeddwn i wedi meddwl amdano pan oeddwn yn blentyn.

Beth roeddwn i am fod pan oeddwn i'n blentyn 'te? Beth oedd gen i ddiddordeb ynddo a sut roeddwn i'n llenwi fy amser? Mae'r atebion i'r cwestiynau yna'n mynd â fi 'nôl at fy nheulu a'r ffordd y cawson ni fel merched ein codi. Bellach dwi'n un o bedair chwaer, gan fod Darcie a Seren wedi dod i'r byd ers y cyfnod pan oedd Lauren a fi'n mwynhau gwylio cystadleuaeth Miss World gyda'n gilydd. Felly, mae pedair merch i sgrechen ar Dad erbyn hyn, druan ohono fe!

PENNOD 2:
MÔR A MYNYDD

ROEDD GAN DAD A Mam ddiddordeb mawr mewn mynydda. Fe gwrddon nhw yng Nghanolfan Awyr Agored y Storey Arms, ger Aberhonddu. Roedd fy nhad, sy'n dod o Lundain, yn hyfforddwr yno. Roedd Mam yn un o'r aelodau ar y cwrs roedd Dad yn ei hyfforddi. Byd y mynyddoedd, y llethrau a'r clogwyni oedd wedi dod â nhw at ei gilydd, felly. Dyna oedd eu bywyd, ac wedi'r cyfarfod cynta hwnnw ar y cwrs fe wnaethon nhw ddechrau mynd mas gyda'i gilydd. Cyn hir roedden nhw mewn perthynas sefydlog ac yn rhannu'r un cariad tuag at fynydda. Am flynyddoedd lawer fe grwydron nhw yng nghwmni ei gilydd a dringo mynyddoedd mwya'r byd. Roedd teimlo'r awyr iach yn eu hwynebau'n hollbwysig iddyn nhw, ond hefyd, byddai teimlo'r wefr o goncro rhai o'r mynyddoedd mwya anodd yn eu cyffroi. Wrth i gyfnod y mynydda ddechrau dod i ben, wedi i'm rhieni benderfynu magu teulu, roedden nhw'n awyddus iawn i'w plant brofi'r un byd a mwynhau'r un math o fywyd â nhw. Mae'n siŵr fy mod i'n gallu abseilio cyn i fi allu cerdded, bron!

Pan oedden ni adre, byddai Dad yn aml yn mynd i'r gwaith ar fwrdd-mynydd yn hytrach na theithio yn ei gar! Golygfa ddigon cyffredin, felly, oedd ei weld yn mynd ar ei fwrdd ar hyd y llwybrau a'r llethrau gwair, a phawb yn edrych yn syn arno. Dim ond unwaith dwi'n ei gofio'n dod adre a'i wyneb yn waed i gyd ar ôl methu osgoi car mewn pryd. Roedd antur ac ymdrech yn mynd law yn llaw â bywyd bob dydd i ni fel teulu.

Roeddwn i'n rhy fach i werthfawrogi un antur a ges i'n gynnar iawn yn fy mywyd. Pan oedden ni'n byw yn Storey Arms, a finne'n llai na thair oed, penderfynodd fy mam-gu symud. Hipis go iawn oedd rhieni Dad. Wrth i fi dyfu, roeddwn i'n gyfarwydd iawn â chlywed straeon diddorol amdanyn nhw yn ystod eu dyddiau fel hipis. Clywes straeon ganddyn nhw am sêr y byd pop yn eistedd yn eu stafell fyw, pobol fel Sting er enghraifft. Un diwrnod, penderfynodd Mam-gu symud o'r ardal lle roedd yn byw yn Fulham, Llundain – i Brasil, yr ochr draw i'r byd! Roedd hi'n byw reit ar y traeth yn Rio de Janeiro ac fe aeth Mam a Dad â ni draw i ymweld â hi. Fe arhoson ni yno am tua chwe mis a chael amser gwych yn yr haul. Trueni mawr nad oeddwn i'n gallu gwerthfawrogi mwy ar y profiad hwnnw. Cof plentyn bach sydd 'da fi o fod ar y traeth ond dwi'n cofio bod pawb a phopeth yn wahanol iawn i'r bywyd roeddwn i'n gyfarwydd ag e. Pob golygfa, pob sŵn, pob arogl yn newydd, profiadau nad oeddwn i wedi'u cael 'nôl yn ne Cymru.

Pan oeddwn i'n dair blwydd oed, cafodd Dad swydd dysgu yng Ngholeg yr Iwerydd. Yn y coleg hwnnw buodd yn dysgu gweithgareddau awyr agored o bob math i'r myfyrwyr. Pan agorodd yn y flwyddyn 1962, ysgol breifat oedd hi, ond bellach daw myfyrwyr i astudio yn y coleg o dros saith deg o wledydd gwahanol. Mae'r myfyrwyr hyn yn dilyn cwricwlwm rhyngwladol, a Choleg yr Iwerydd oedd y coleg cynta ym Mhrydain i ddilyn y cwricwlwm hwn. Mae'r coleg reit wrth ymyl y môr yn Sain Dunwyd, Bro Morgannwg, ac roedden ni'n byw mewn tŷ ar gampws y coleg. Dyna lle rydyn ni'n dal i fyw. Roedd y goedwig a'r caeau y tu ôl i'r campws, yn wir yr holl le, yn faes chwarae antur enfawr i blentyn bach fel fi ar y pryd. Roeddwn wrth fy modd yn adeiladu dens yn y coed ac yn nofio yn y môr ar bob cyfle posib, gan nad oedd ond rhyw bum can metr o'n drws ffrynt ni. Wrth gwrs, roeddwn hefyd yn byw yng nghysgod Castell Sain Dunwyd.

Yn wir, roedd y safle hwn yn lle ffantastig i gael fy magu. Roedd yn saff i chwarae yno a mwynhau dilyn pob math o anturiaethau. O ganlyniad, dwi'n falch i fi gael plentyndod go iawn ac nad oedd angen i fi sefyllian o gwmpas ar gorneli strydoedd yn chwilio am bethau i'w gwneud. Roedd wastad rywbeth i'w wneud yng Ngholeg yr Iwerydd.

Roedd Dad a Mam yn bobol egnïol oedd yn cymryd rhan mewn pob math o weithgareddau awyr agored. Er fy mod i'n ddigon bywiog ac anturus fel plentyn, eto i gyd roeddwn am ddod o hyd i fy antur fy hun. Roedd yr holl weithgareddau roeddwn wedi'u gwneud yn yr awyr iach yng Ngholeg yr Iwerydd wedi fy arwain yn naturiol at gymryd rhan mewn chwaraeon. Mae gan Mam lun ohona i'n ennill ras yn ysgol gynradd Iolo Morganwg pan oeddwn i'n bedair blwydd oed. Dyna lle dechreues i fagu diddordeb mewn chwaraeon, mewn rhedeg yn benodol, ac mae'r diddordeb hwnnw wedi para hyd heddi. Erbyn Blwyddyn 6, roeddwn wedi dechrau dysgu'r grefft o achub bywyd yn y môr. Daeth hynny ag elfen newydd i fy mywyd. Mae bod yn rhan o dîm achub ar y môr yn weithgaredd cymdeithasol iawn ac roedd hynny'n grêt. Gwnaeth y bywyd ar gampws Coleg yr Iwerydd, a chymryd rhan mewn amrywiol chwaraeon, fi'n berson cystadleuol tu hwnt.

Fyddai ein ffordd o fyw ddim yn newid pan fyddai ein teulu ni, yr Hamiltons, ar ein gwyliau chwaith. Pan fyddai fy holl ffrindiau ysgol a'u teuluoedd yn torheulo ar draethau egsotig ac yn aros mewn gwestai crand, bydden ni'n aros mewn pebyll ac yn mynd ar deithiau canwio hir i fannau anghysbell. Pan fydden ni'n mynd i leoedd mwy cyfarwydd fel Majorca, bydden ni'n mynd yno er mwyn archwilio'r ogofâu anhygoel sydd ar yr ynys gan fod Dad wrth ei fodd mewn ogof. Y gwyliau mwya normal i fi fynd arnyn nhw oedd gwyliau sgio. Felly doedd ymlacio ddim yn opsiwn i ni fel teulu, hyd yn oed ar wyliau.

Pan ddaeth yn amser i fi fynd i'r ysgol uwchradd, doeddwn i ddim yn siŵr iawn ble i fynd. Enillodd Lauren, fy chwaer hynaf, ysgoloriaeth i fynd i Ysgol y Gadeirlan yn Llandaf, Caerdydd. Roedd disgwyl i fi wneud yr un peth hefyd a mynd i'r ysgol honno, ac felly am gyfnod roeddwn yn edrych ymlaen at wneud hynny. Byddai cyfle yno i fi wneud lot mwy o ganu. Ond wrth i'r adeg i mi adael Ysgol Iolo Morganwg agosáu, dechreues newid fy meddwl a doeddwn i ddim yn siŵr oeddwn i eisiau mynd yno o gwbl. Roedd arna i ofn colli popeth oedd 'da fi, ofn y byddai'r canu'n cymryd fy mywyd drosodd yn llwyr. Fyddai bywyd byth yr un peth mewn ysgol fel Ysgol y Gadeirlan, er ei bod hi'n ysgol dda iawn wrth gwrs. Dwi'n cofio bod yn y car gyda Dad ar ôl bod mewn clwb Ffrangeg yn Ysgol Iolo Morganwg. Gofynnes iddo fe beidio â'm hanfon i i'r ysgol yng Nghaerdydd. Mae fy rhieni wedi bod yn gefnogol tu hwnt i ni'n pedair yn ystod ein bywydau, ac roedd Dad yn gweld ac yn sylweddoli fy mod o ddifri. Felly, cytunodd fy rhieni i fy anfon i Ysgol Gyfun Gymraeg Bro Morgannwg. Roeddwn wrth fy modd.

Yn fuan ar ôl dechrau yn yr ysgol honno, fe ddechreues i redeg a mwynhau'r rasys 300 a 400 metr – y sbrints hir a phoenus. Ac yn fuan iawn wedyn, fe ddechreues i ymarfer a chystadlu mewn camp arall newydd sbon, sef y triathlon. Fe fues i'n cystadlu yn y campau hyn ar lefel sir, gan fwynhau tipyn o lwyddiant. Pan oeddwn yn 12 oed roeddwn yn ail trwy Gymru gyfan yn y triathlon. Byddwn hefyd yn nofio'n rheolaidd wrth gwrs.

Byddai chwaraeon tîm yn cael lle amlwg yn yr ysgol uwchradd ac roedd hynny'n beth mwy newydd i fi na'r campau unigol. Roedd rhywbeth yndda i'n dweud bod angen i fi fod yn aelod o'r timau hynny hefyd – hoci, pêl-rwyd, pêl-fas. A dweud y gwir, byddwn i'n cymryd rhan ym mhob un o'r chwaraeon oedd ar gael i ferched ar y pryd. Dydw i ddim yn deall pam mae cymaint o chwaraeon yn cael eu rhannu rhwng bechgyn a merched – rhai campau i fechgyn a rhai i ferched. Dylai fod llawer mwy o gyfleon i bobol gymryd rhan mewn pob math o gampau, heb wahaniaethu rhwng bechgyn a merched.

Ond er gwaetha'r llwyddiant cynnar mewn cystadlaethau triathlon, fe rois i'r gorau i'r gamp honno. Roeddwn am ganolbwyntio ar fy rhedeg am mai dyna lle roedd fy nhalent fwya amlwg. Ac er fy mod i'n nofio ers blynyddoedd lawer, doedd nofio mewn pwll ddim hanner mor gyffrous â nofio yn y môr. Roedd e'n lot mwy *boring*. Dwi'n casáu gwneud pethau artiffisial – yn y môr mae nofio, nid mewn pwll. A pam, pam, mae pobol yn talu arian mawr i fynd i'r *gym* er mwyn bod ar beiriant rhedeg yn hytrach na mynd mas i redeg ar yr hewl. Dylai ymarferion fod yn llawer mwy naturiol nag ydyn nhw i lot o bobol erbyn hyn, yn anffodus. A does dim diddordeb 'da fi mewn dyn sy'n llawn cyhyrau yn dangos ei hun, a siâp ei gorff wedi newid i fod yn hollol annaturiol ac od!

Rhedeg amdani felly, a dechreues i hyfforddi gyda Chlwb Athletau Caerdydd. Rhoddodd hynny ffocws llwyr i fy mywyd. Byddwn yn hyfforddi bedair gwaith yr wythnos ac yn cystadlu bob penwythnos, a hyd yn oed yn mynd ar wyliau yng nghwmni aelodau eraill o'r clwb athletau. Heblaw am yr ysgol, y clwb athletau oedd fy mywyd. Ac yn yr ysgol roeddwn yn gapten tîm athletau'r merched, er fy mod wedi sylweddoli'n fuan iawn nad oeddwn i'n hoff iawn o fod yn aelod o dîm mewn chwaraeon. Dwi'n gwbod i fi fod yn aelod mewn sawl tîm yn yr ysgol, ond nid dyna fy newis cynta i. Mae'n well o lawer 'da fi fod ar fy mhen fy hun a chystadlu fel unigolyn. Dwi'n ei chael hi'n anodd iawn deall sut mae cystadlu'n llwyddiannus mewn tîm. Mae'n siŵr fod hynny oherwydd i fi wneud cymaint o weithgareddau unigol ers pan oeddwn yn blentyn, a ddysges i ddim sut oedd bod yn aelod ac yn rhan o dîm. Dwi'n lico'r her a'r cyfrifoldeb o gael rheolaeth lwyr ar bob dim a wnaf.

PENNOD 3:
IGLWS A LLWYNOG

Daeth prawf mawr ar fy ffordd o feddwl fel unigolyn pan ddaeth cyfle cwbl unigryw i fi ym Mlwyddyn 10 yn Ysgol Gyfun Bro Morgannwg. Ces gyfle i fentro i ran o'r byd na chaiff llawer o bobol y cyfle i fynd yno yn ystod eu bywyd. Wedi i mi ddod adre o'r ysgol un diwrnod, fe soniodd Mam wrtha i am gyfres ar y BBC. Roedd hi wedi gwylio ychydig o'r gyfres ac wedi meddwl y byddai diddordeb 'da fi ynddi. Ar y pryd, roedd y BBC yn gwneud cyfresi antur i blant ac yn mynd â grŵp bach o blant ar daith gyffrous i bob rhan o Brydain a hyd yn oed i rai o fannau mwya peryglus y byd. Roedd un gyfres wedi mynd â grŵp i'r jyngl a'r fforestydd glaw, lle roedden nhw wedi cymryd rhan mewn prosiect yn ymwneud â chadwraeth. Os dwi'n cofio'n iawn, adeiladodd y grŵp hwnnw loches i orang-wtangs. Roedd cyfres arall wedi mynd â grŵp i'r anialwch, ac roedden nhwythau hefyd wedi gwneud rhyw brosiect neu'i gilydd.

Ar ddiwedd y gyfres honno, gofynnon nhw am blant oedd am fynd 'da nhw ar eu taith nesa. Doedden nhw ddim wedi sôn i ble byddai'r daith honno'n mynd. Dim ond gofyn i blant ddangos diddordeb yn y daith wnaethon nhw. Roedd Mam yn bendant y byddai'r math yna o gyfres yn grêt i fi ac fe wnaeth hi drafod y syniad 'da fi'r diwrnod hwnnw.

'Ie, grêt Mam. Bydden i'n dwlu mynd ar antur fel 'na!'

Dyna oedd fy ymateb yn syth. Roeddwn yn gyfarwydd iawn â mynd ar wahanol dripiau gyda Mam a Dad a'm chwiorydd, wrth gwrs. Roedd y rheiny wastad yn hwyl. Ond eto, yn ystod y teithiau hynny, byddwn i'n aml yn meddwl mor braf fyddai mynd ar antur fy hunan. Roeddwn am wneud rhywbeth nad oedd yn cynnwys gweddill y teulu. Yn yr ysgol hefyd, mewn chwaraeon yn arbennig, byddai'r gweithgaredd yn cynnwys y disgyblion eraill – yn ddosbarth neu'n dîm. Roeddwn yn ysu, felly, i wneud rhywbeth fy hunan, ac efallai'n wir mai dyma'r cyfle i wneud hynny.

Felly, fe gysylltes i â'r BBC a holi am ffurflen gais. Fe'i llenwes hi'n syth a'i dychwelyd. Ond ar ôl gwneud hynny, fe anghofies i'r cyfan amdani gan 'mod i'n gwybod y byddai miloedd o blant eraill hefyd wedi gwneud cais. Doedd dim diben bod yn rhy obeithiol.

Yna, un pnawn fe ganodd y ffôn. Y BBC oedd yno yn holi am gael cynnal cyfweliad gyda fi. Fe gawson ni sgwrs yn y fan a'r lle

– dydw i ddim yn ei ffeindio hi'n anodd siarad ag unrhyw un, hyd yn oed ar y ffôn. A dyma fi'n anghofio am y fenter unwaith eto. Yna, daeth cais i fi fynd draw i Fryste lle roedd yn rhaid i fi gymryd rhan mewn ras ar y cwrs antur. Yn dilyn y ras, cafodd pob un ohonon ni gyfweliad ar gamera. Roedd yn amlwg bellach eu bod nhw fwy o ddifri, a dechreues i feddwl bod siawns 'da fi o gael fy newis i fod yn aelod o'r grŵp. Po fwya roeddwn i'n ystyried hynny, yn hytrach na mynd yn fwy nerfus, roeddwn i'n fwy penderfynol o wneud pob dim yn iawn er mwyn cael fy newis.

Roedd llwyth o blant eraill yno a gallai pawb glywed beth oedd gan y lleill i'w ddweud yn eu cyfweliadau. Dywedodd y rhan fwya eu bod nhw'n caru'r amgylchedd a'u bod am achub anifeiliaid. Mae'r pethau hynny'n bwysig i fi hefyd, ond fyddwn i ddim yn hollol onest petawn i'n dweud mai dyna pam roeddwn i am fod yn rhan o'r gyfres. Felly fe ddwedes i beth oedd ar fy meddwl.

'Rydw i'n *adventure junkie* mawr! Mae meddwl y bydda i'n gallu gwneud rhywbeth mor anarferol, rhywbeth does dim llawer o bobol wedi'i wneud o'r blaen, yn rhoi eitha *buzz* i fi. Mae'r ofn a gaf i wrth wynebu rhywbeth dwi ddim wedi'i wneud o'r blaen yn ddigon o reswm i fi dros fod isie 'i wneud e.'

Mae'n amlwg i hynny weithio. Fe ges i fy newis i fod yn un o'r 16 ola. Y cam nesa wedyn oedd mynd lan i'r Alban ac aros yno am benwythnos. Erbyn hynny, roeddwn i'n gwybod mai i'r Arctig y byddwn i'n mynd petawn i'n cael fy newis. Dyna beth fyddai antur go iawn yn sicr. Lan yn yr Alban, roedd yr holl benwythnos yn cael ei ffilmio. Hon oedd rhaglen gynta'r gyfres *Serious Arctic*. Yn ystod y penwythnos hwnnw bydden nhw'n dewis y grŵp o bobol ifanc fyddai'n mynd i'r Arctig. Felly byddai lot ohonon ni'n cael ein hanfon adre ar ddiwedd y rhaglen a hynny o flaen yr holl wylwyr. Tra oedden ni yno, cawson ni'r cyfle i wneud pob math o weithgareddau awyr agored. Yna, ar ddiwedd yr holl weithgareddau fe ddaeth y foment fawr. Roedden nhw am gyhoeddi pwy fyddai yn y grŵp i fynd i'r Arctig. Ar y rhaglen roedd cyfle i weld yr arweinwyr yn trafod pob unigolyn yn ei dro. Pan ddaethon nhw ata i, roedd yna ddadl wedi codi. Roedd pawb yn cytuno fy mod i'n amlwg yn arweinydd cryf. Ond doedden nhw ddim yn cytuno a oedd hynny'n beth da neu beidio. Ai chwaraewyr tîm oedd eu hangen arnyn nhw, neu unigolion cryf? Buodd lot fawr o drafod am hynny.

Ar ddiwedd y penwythnos fe wnaethon nhw ein rhannu ni a'n rhoi mewn dwy stafell. Roedd wyth o bobol ifanc ym mhob stafell, pedair merch a phedwar bachgen. Un o'r grwpiau hynny fyddai'n mynd i'r Arctig. Wrth i fi sefyll yn fy ngrŵp i ac edrych o gwmpas, roeddwn yn hollol sicr nad ein grŵp ni fyddai'n cael ei ddewis. Yn ystod y cyfnod hwn o aros, roedd lot o densiwn ac emosiwn a sawl un yn colli dagrau. Roedd ambell un o'n tîm ni hyd yn oed wedi anfon negeseuon testun at eu teuluoedd yn dweud nad oedden nhw wedi cael eu dewis. Yn y tîm arall roedd lot o'r bobol ifanc yn gweld y gyfres hon fel cyfle i gael sylw, ac isie bod ar y teledu. Yn y diwedd daeth cynhyrchwyr y gyfres i mewn i'n stafell ni a dweud mai ni oedd y grŵp roedden nhw wedi'i ddewis i fynd i'r Arctig. Fe aethon ni i gyd yn hollol wyllt! Doedd dim unrhyw fath o actio o gwbl yn y sioc ar ein hwynebau wrth glywed y newyddion. Dwi'n dal i deimlo'n emosiynol pan fydda i'n edrych ar y DVD o'r rhaglen honno.

Roedd mis gyda ni i ddod yn gyfarwydd â'r syniad ein bod yn mynd i fan lle nad oedd y rhan fwya o oedolion y byd wedi bod erioed. Fydden nhw ddim yn debygol o gael cyfle i fynd yno chwaith. Ond roeddwn i'n cael mynd.

Roedd angen lot o ddillad arbennig ar yr wyth ohonon ni ac fe aeth llawer o'r amser paratoi yn ein mesur ni i gyd. Weles i erioed y fath ddillad! Byddai'n rhaid mynd â chymaint o cit gyda ni a 'ngobaith i oedd nad ni fyddai'n gorfod cario pob dim. Ond un peth na ddigwyddodd cyn i ni fynd ar y daith oedd cael ein briffio ar yr hyn y gallen ni ei ddisgwyl mas 'na. Chawson ni ddim gwybod pa fath o wlad oedd yr Arctig, heblaw am yr hyn a wydden ni'n barod, sef y byddai hi'n oer iawn yno wrth gwrs. Bydden ni'n dysgu popeth ar ôl cyrraedd yno.

Yna, fe ddaeth yr awr fawr. I'r maes awyr â ni a hedfan i Ottowa yn gynta cyn mynd draw i'r Arctig mewn awyren fechan iawn. Doedden ni'r bobol ifanc ddim yn rhy hyderus y byddai hi'n llwyddo i gyrraedd yr Arctig, yn ôl yr olwg oedd arni. Ond fe gyrhaeddon ni, diolch byth, a glanio ar fôr oedd wedi rhewi. Dyna ni wedi cyrraedd yr Arctig, o leia.

Y noson gynta roedd y grŵp i aros ar y darn hwnnw o fôr oedd wedi rhewi. Bu'n rhaid i ni gysgu mewn byncar lle nad oedd y tymheredd yn codi yn uwch na –10 gradd, a hynny y tu mewn i'r byncar, cofiwch! A dyna'n profiad cynta o'r peth mwya anodd wnaethon ni ei wynebu trwy gydol ein hamser yno – sef na fydden ni byth yn cael y cyfle i deimlo'n dwym. Problem fawr oedd delio â'r fath oerfel. Falle i fi deimlo yr un mor oer cyn hynny 'nôl yng Nghymru, ond bryd hynny roeddwn i'n gwybod y cawn gyfle i gynhesu ymhen dim. Ond nid yn yr Arctig. Roedd oerfel difrifol yn rhywbeth hollol normal yno ac roedd hynny'n broblem fawr i ni. Byddai'n effeithio ar ein cyrff, wrth gwrs, ac ar ein gallu i wneud y tasgau mwya syml. Yn ogystal, roedd yn effeithio ar ein hemosiynau hefyd, ac roedd sylweddoli bod y tymheredd yn effeithio ar ein teimladau'n sioc enfawr i ni. Roedd hefyd yn effeithio ar ein ffordd o feddwl. Un tro, a finne newydd ddod yn ôl ar ôl bod ar daith gerdded, roedd fy nwylo wedi rhewi cymaint, doeddwn i ddim yn gallu sythu fy mysedd. Heb feddwl yn iawn, fe es draw at y tân yn y byncar a rhoi fy nwylo yn y fflamau i'w cynhesu. Doeddwn i ddim yn sylweddoli beth roeddwn yn ei wneud tan i rywun weiddi arna i. Ond roedd yn rhy hwyr ac fe losges rywfaint ar fy mysedd. Fyddwn i byth wedi gwneud y fath beth adre, ond roedd yr oerfel wedi rheoli pethau.

Roedd yn rhaid bwrw mlaen â'r gwaith oedd wedi'i osod i ni ei wneud yno. Mewn gwirionedd, doedd dim un o'r tasgau mor syml â hynny. Pan fydden ni isie diod, roedd yn rhaid mynd i gasglu eira ac yna'i doddi cyn paratoi rhywbeth i'w yfed. A dweud y gwir, roedd yn rhaid gwneud pob dim drwy ddefnyddio eira, hyd yn oed golchi'r llestri. Wrth wneud hyn i gyd, roeddwn yn cael profiadau anhygoel. Fe weithion ni lawer gyda'r Inuit, y bobol sy'n byw yn yr Arctig yn barhaol, ac fe ddysgon ni lawer ganddyn nhw.

Antur go iawn oedd mynd ati gyda nhw i adeiladu iglw ac roeddwn i'n teimlo bod rhywbeth arbennig iawn ynglŷn â'r profiad hwnnw. Ers pan oeddwn yn blentyn, wrth gwrs, roeddwn wedi gweld iglws ac wedi rhyfeddu bod pobol yn gallu byw ynddyn nhw. I fi, roedd rhyw fath o hud a lledrith yn perthyn iddyn nhw a dyna lle roeddwn i, yn 14 oed, yn rhoi cymorth i adeiladu un. Ac yna, wedi gorffen yr adeilad, byddwn i'n cael aros mewn iglw fy hun. Diolch byth, roedden nhw'n lot mwy cynnes na'r byncar lle buon ni'n aros tan hynny, ac yn wir roedd yr iglw'n gallu bod yn lle cynnes i gysgu ynddo.

Y cof mwya clir sydd 'da fi o'r holl daith hyd heddiw yw'r profiad hwnnw o ddeffro yn y bore mewn iglw. Mae'n anodd disgrifio'r lliwiau sydd o'ch cwmpas wedi i chi agor eich llygaid, pob man yn wyn ac yn las disglair iawn. Maen nhw'n lliwiau glân a phur; yn wir, dydw i erioed wedi gweld y fath wyn na'r lliw glas yn unman arall yn y byd.

Cyn mynd ar y daith, roeddwn wedi cael lot o brofiad o ganu mewn eisteddfodau ac fel aelod o sioeau'r ysgol. Profiad arbennig mas yn yr Arctig, felly, oedd clywed yr Inuit yn canu yn eu dull unigryw nhw. Yr enw arno yw 'canu'r llwnc', ac mae'r sain yn dod o gefn y gwddf yn hytrach na'r geg. Dydyn nhw ddim yn symud eu cegau o gwbl wrth ganu – yn hollol wahanol i ganu mewn eisteddfod!

Ar ddechrau ein hail wythnos mas 'na, roedden ni'n dechrau ar yr ail daith swyddogol. Dyna oedd y prif reswm dros greu'r gyfres deledu yn y lle cynta. Nid taith fer oedd hon, o na, roedd yn daith o gan milltir draw at fynydd iâ go arbennig. Ar gyfer y fath daith, roedden ni wedi cael ein rhannu yn sawl tîm. Roedd gan bob tîm ei sled ei hunan a chŵn Husky yn eu tynnu. Dwi'n defnyddio'r gair cŵn, ond roedden nhw'n fwy tebyg i fleiddiaid na chŵn – roedden nhw'n anferth. Roedd hon yn antur go iawn. Doedd y cŵn ddim yn deall Cymraeg, wrth gwrs, a doedden nhw ddim yn deall Saesneg chwaith. Felly roedd yn rhaid dysgu geiriau'r Inuit er mwyn rheoli'r cŵn. Gan 'mod i wedi dysgu Cymraeg yn barod ac felly'n gyfarwydd â dysgu iaith newydd, fuodd hynny ddim yn gymaint o broblem i fi ag roedd e i'r lleill. Ond roedd tôn y llais yr un mor bwysig â'r geiriau eu hunain ac roedd yn rhaid canolbwyntio ar gael hynny'n hollol gywir.

Does dim syniad 'da fi sut roedd y cŵn yn gwybod lle roedden nhw'n mynd. Am gyfnodau hir o'r daith, dwi'n cofio eistedd ar y sled, yn dal fy ngafael yn dynn, heb allu gweld dim byd o'm cwmpas ond gwynder yr eira a'r rhew. Roedden ni'n teithio am tua wyth awr bob dydd, ac yn aml iawn doeddwn i ddim hyd yn oed yn gallu gweld y cŵn na'r bobol oedd yn teithio gyda ni ar slediau eraill. Pan fydden ni'n dod at allt weddol serth, byddai'n rhaid i ni i gyd roi cymorth i'r cŵn a gwthio'r sled i fyny'r allt honno. Roedd y daith yn waith corfforol caled, felly. Bydden ni'n aros ar ddiwedd pob diwrnod ac yn codi ein pebyll er mwyn cysgu'r nos. Y bore wedyn, byddai'n rhaid tynnu pob pabell i lawr a dechrau teithio unwaith eto – gwaith blinedig iawn ac undonog ar brydiau hefyd.

Dyma sut roedd hi yn y wlad yn ystod tywydd arferol. Ond tra oedden ni ar ein taith hir, fe gafodd y rhan hon o'r Arctig y tywydd gwaetha ers canrif a hanner. Do wir, a ninne yn ei ganol! Wedi i ni wersylla un noson, fe daeth yn storm ofnadwy o eira. Allen ni ddim gadael ein pebyll am bedwar diwrnod cyfan. Allen ni ddim hyd yn oed mentro cerdded ychydig droedfeddi y tu fas. Roedd hi mor wael â hynny. Gyda'r tair merch arall oedd yn rhannu'r babell â fi, dyna lle roeddwn i'n hollol gaeth, mewn tywydd difrifol a pheryglus.

Yn ystod yr ail noson, fe ges i fy neffro ganol nos wrth glywed y sgrechian mwya ofnadwy gan un o'r merched eraill yn y babell. Roeddwn yn teimlo rhyw bwysau rhyfedd ar fy wyneb a chyn hir dealles fod y babell wedi syrthio ar ein pennau yn y storm. Roedd yr eira, o ganlyniad, yn disgyn arnon ni ac roedd perygl mawr y bydden ni'n cael ein claddu o dan yr eira. Dyna beth oedd ofn go iawn, ofn a wnaeth i fi ddeall y geiriau 'ofn am fy mywyd'. Yn nes ymlaen, dwi'n cofio teimlo dwylo rhywun yn cydio am fy nhraed ac yn fy llusgo drwy'r eira allan o'r babell. Wedi i mi ddod allan, roedd hi'n bwrw eira mor drwm fel doeddwn i ddim yn gallu gweld pwy oedd wedi fy nhynnu fi. Doeddwn i ddim yn gallu clywed dim byd chwaith, dim ond gweld yr eira'n disgyn. Roedd pandemoniwm llwyr yn yr holl wersyll, o safbwynt ni'r plant o leia. Doedd dim modd i awyren ddod i'n hachub ni chwaith, gan na fyddai'n gallu glanio. Aros i'r storm dawelu oedd yr unig beth y gallen ni ei wneud. Roedd yr holl brofiad yn un arswydus.

Fe sonies i ein bod yn teithio at fynydd iâ go arbennig. Roedd ein taith yn mynd a ni i'r Grinnell Glacier a chawson ni wybod ar y daith yno fod llai o bobol wedi bod ar y mynydd iâ hwn nag oedd wedi bod ar y lleuad. Does dim modd disgrifio mewn geiriau yr olygfa wrth i ni agosáu ato a'i weld am y tro cynta. Roedd y lliwiau gwyn a glas roeddwn mor gyfarwydd â'u gweld wrth ddeffro yn yr iglw yno hefyd, ond ar raddfa dipyn mwy dramatig y tro hwn. Roedd yr eira a'r iâ gwyn yn cwrdd â'r awyr las gan greu golygfa ddisglair na wna i byth ei hanghofio. Yn y canol, roedd mynydd o iâ pur yn llawn cyffro ac egni, er nad oedd yn symud. Mae'n swnio'n beth rhyfedd i'w ddweud, falle, ond roedd yn brofiad ysbrydol iawn. Dyna sut roeddwn i'n meddwl amdano ar y pryd ac mae hynny'n fwy gwir heddiw wrth i fi gofio am y profiad arbennig hwnnw.

Wrth droed y mynydd iâ roedd ein gwaith yn ymwneud â chadwraeth i ddechrau. Ar ôl teithio mor hir i gyrraedd yno, a hynny drwy storm ddifrifol o eira, roedd angen i ni gloddio twll mawr wrth droed y mynydd. Twll tua dau fetr a hanner o ddyfnder oedd hwnnw i fod, â wal denau i lawr y canol. Mi gymerodd hi ddau ddiwrnod i ni orffen y gwaith. Yna, i lawr â ni i mewn i'r twll a rhoi tarpolin dros yr agoriad. Pan fyddai'r haul yn y man cywir yn union, byddai'n treiddio i mewn i'r twll y tu draw i'r wal denau a byddai ei olau llachar wedyn yn disgleirio drwy'r wal honno. Yr hyn a welen ni o flaen ein llygaid wrth i'r haul ddisgleirio ar y wal o eira oedd patrymau anhygoel yn ymddangos arni. Sioe oleuadau wedi'i threfnu gan fyd natur oedd hon, a hynny dros filoedd o flynyddoedd. Cawson ni i gyd ein syfrdanu. Fe anghofion ni'n fuan iawn am yr holl gwyno roedden ni i gyd wedi'i wneud wrth gloddio'r fath dwll.

Wrth feddwl am y storm eira a gweld y mynydd iâ, daeth un peth yn amlwg. Dangosodd y ddau beth i fi pa mor ddi-nod yw pobol yn y byd mawr o'n cwmpas. Mae mor rhwydd i ni feddwl mai ni sy'n rheoli'r byd. Ond dydyn ni ddim. Doedd dim byd o gwbl y gallen ni fod wedi'i wneud yn y storm eira a fyddai wedi newid y sefyllfa. Mae'n rhaid i ni dderbyn nad ydyn ni'n gallu rheoli pob sefyllfa fel y bydden ni'n hoffi ei wneud. Yn hytrach na cheisio eu rheoli, rhaid i ni ddysgu derbyn y pethau hynny. Does dim byd 'da ni chwaith i'w gymharu â gogoniant naturiol y mynydd iâ, ac felly dylen ni ei werthfawrogi ac ymateb yn bositif i natur. Fe wnaeth y profiadau hyn ddangos i fi hefyd nad oes fawr o ddiben cwyno am yr hyn a wynebwn mewn bywyd. Weithiau byddwn yn meddwl bod bywyd yn galed iawn arnon ni, ond ydy e mewn gwirionedd? Dwi o'r farn nad ydy pethau mor wael ag rydyn ni'n credu eu bod nhw.

Mae un stori fach yn crynhoi sut brofiad oedd bod yno. Mae'n ymwneud ag ymweliad a wnes i â'r tŷ bach, credwch neu beidio, a doedd honno ddim yn dasg rwydd o gwbl yn yr Arctig. Roeddwn i'n gwisgo llwyth o haenau o ddillad, a rhaid oedd eu tynnu i gyd i ffwrdd yn eu tro. Ond beth bynnag, wedi i mi wneud hynny ac eistedd ar y tŷ bach, fe ddaeth llwynog yr Arctig reit ata i. Eisteddodd o'm blaen ac edrych i fyny arna i. Am eiliad, doeddwn i ddim yn siŵr sut i ymateb, ond wrth iddo aros yno ac edrych arna i, fe wnes i ymlacio. Dechreues feddwl pa mor lwcus oeddwn i'n cael bod yn ei gartre fe. Roedd yn anrhydedd i fi gael rhannu'r tir ag un oedd yn byw yno'n barhaol ac roeddwn i'n teimlo'n wylaidd iawn, a dweud y gwir. Heb amheuaeth, mae lot fawr o'r profiadau a ges i ym mhen draw'r byd pan oeddwn yn 14 oed wedi bod o gymorth i fi yn ystod y blynyddoedd diwetha, hyd yn oed yn ystod fy mhrofiadau yn y gystadleuaeth am y teitl Miss

Cymru. Ond does dim byd dwi wedi'i wneud ers dod 'nôl o'r Arctig wedi bod yn gymaint o her nac yn gymaint o waith caled â'r hyn a wnes i mas 'na!

PENNOD 4:
BAD ACHUB A BAGLORIAETH

Wedi bod am dros bythefnos yn yr eira a'r iâ, roedd yn od iawn dod yn ôl adre. Roedd yn grêt bod adre gyda'r teulu, er bod dod yn gyfarwydd â bywyd cyffredin unwaith eto'n rhyfedd. O leia doedd dim angen mynd i gasglu eira cyn cael diod a doedd hi ddim yn cymryd tair awr i baratoi pryd o fwyd. Roedd mynd i'r tŷ bach yn dipyn haws hefyd! Ychydig wedi i ni ddod adre daeth newyddion da iawn. Enillodd y gyfres *Serious Arctic* wobr BAFTA yn ogystal â'r Prix de Jeunes, sef y brif wobr ryngwladol am raglen ddogfen i blant. Rhywbeth ychwanegol oedd ennill y gwobrau hyn gan mai'r profiad o fod ar y daith ei hun oedd bwysica i fi. Cafodd yr holl gyfres gryn dipyn o sylw, a dweud y gwir. Mae'n siŵr mai'r prif reswm am hynny oedd y ffaith i ni wynebu amgylchiadau mor anodd a llwyddo yn y diwedd. Mae'r gyfres wedi cael ei hailddarlledu sawl gwaith erbyn hyn hefyd.

Roedd cael blas ar fod mewn gwlad dramor yng nghwmni tîm o bobol wahanol wedi cael dylanwad arna i. Felly, ar ôl i mi orffen arholiadau TGAU yn Ysgol Bro Morgannwg a dechrau ystyried ble i fynd i ddilyn cwrs chweched dosbarth, fe fu taith yr Arctig yn ffactor bwysig yn fy newis. Rhaid cofio bod dylanwadau tramor yn amlwg yn y modd y cawson ni fel plant ein magu. Bydden ni'n teithio i wledydd tramor gyda'n gilydd ac yn cael profiadau yn y gwledydd hyn heb ddilyn llwybrau'r twristiaid arferol. Roedd gan Mam a Dad ffrindiau oedd yn byw mewn gwledydd tramor hefyd.

Yng Ngholeg yr Iwerydd, lle roedden ni'n byw ar y campws, roeddwn i wedi mwynhau dysgu am draddodiadau'r myfyrwyr tramor ers pan oeddwn i'n blentyn bach. Byddai pawb yn dod at ei gilydd i ddathlu blwyddyn newydd y Tsieineaid a Nadolig y Sgandinafiaid, er enghraifft. Roedd y rhai a fyddai'n ein gwarchod fel plant gyda'r nos yn aml yn fyfyrwyr tramor. Yn syml felly, roedd 'tramor' yn ffordd o fyw.

Mewn gwirionedd, un dewis oedd yna i mi ar gyfer y chweched dosbarth, sef mynd yn fyfyriwr fy hun i Goleg yr Iwerydd. Ffactor arall i'w ystyried oedd y byddai'n bosib astudio mwy o bynciau yn y coleg nag y byddai wrth i mi aros yn yr ysgol. Petawn i'n dilyn cwrs y Fagloriaeth Ryngwladol, byddai modd dysgu am fwy o bynciau nag wrth ddilyn cwrs Safon Uwch. Doeddwn i ddim yn awyddus i golli'r cyfle i astudio amrywiaeth o bynciau wrth aros yn yr ysgol.

Felly, wedi pwyso a mesur popeth, mi es yn fyfyriwr i Goleg Rhyngwladol yr Iwerydd. Ond wnes i ddim ystyried byw adre, er bod cartre'r teulu dafliad carreg o'r coleg ac ar y campws. Na, roeddwn am fod yn fyfyriwr yr un fath â phawb arall yn y coleg, ac felly i mewn â fi i un o'r neuaddau preswyl. Yn fy mlwyddyn gynta roeddwn yn rhannu stafell â merch o Norwy, merch o Wlad Pwyl, merch o India a merch o'r Almaen. Yn fy ail flwyddyn, roeddwn yn rhannu â merch o Romania, merch arall o'r Almaen a merch o Ghana.

Mae'n beth rhyfedd nodi hynny, ond un peth oedd yn wahanol iawn yn y coleg o'i gymharu ag ysgol uwchradd, oedd y cawodydd. Na, nid y tywydd, ond y gawod yn dilyn gêmau ac ymarfer corff. Doedd dim cawodydd unigol i ni yn y coleg. Byddai'r merched i gyd yn cael cawod mewn un stafell fawr. Mae'n beth od i'w ddweud, falle, ond roedd hon yn ffordd dda iawn o sicrhau ein bod ni i gyd yn teimlo'n gyfartal. Yn y fan honno, er bod ein cyrff o wahanol liwiau ac o wahanol siapau, bodau dynol oedden ni i gyd yn y diwedd.

Fe wnes i fwynhau astudio'r Fagloriaeth Ryngwladol yn y coleg. Mae'r syniad y tu ôl i'r Fagloriaeth yn mynd yn ôl i ddiwedd yr Ail Ryfel Byd. Roedd gwraig amlwg ym myd addysg, Marie-Thérèse Maurette, yn awyddus i ddechrau cyrsiau a fyddai'n tynnu pobol o wahanol wledydd at ei gilydd. Roedd am ddefnyddio addysg i greu heddwch ar ôl cyfnod o ryfela erchyll. Erbyn heddiw, mae bron i gant a hanner o ysgolion drwy'r byd yn cynnig cwrs y Fagloriaeth. Fe wnes i astudio Bioleg, Cemeg, Maths, Economeg a Saesneg. Ar ben hynny, mae'n rhaid i bawb sy'n astudio am y Fagloriaeth ddilyn cwrs Theori Gwybodaeth. Mae'r cwrs hwnnw'n astudio'r gwahanol ffyrdd y gallwn eu defnyddio i ddod o hyd i wybodaeth. Mae'n debyg iawn mewn gwirionedd i gwrs athroniaeth sylfaenol.

Roeddwn i'n awyddus i astudio Cymraeg hefyd, ond pan oeddwn i yn y coleg, yn anffodus doedd dim tiwtor ar gael. Felly fe astudies i'r cwrs ar fy mhen fy hun gan ddysgu fy hunan. Roedd yn gwrs grêt, â lot o bwyslais ar lenyddiaeth Gymraeg.

Un gwahaniaeth amlwg arall rhwng yr ysgol uwchradd a'r coleg, wrth gwrs, oedd yr iaith. Yn yr ysgol gynradd ac yn yr ysgol uwchradd, roeddwn wedi cael fy addysg yn Gymraeg ac wedi mwynhau hynny'n fawr iawn. Ond eto roeddwn wastad yn teimlo bod rywbeth ar goll o safbwynt y Gymraeg yn fy mywyd. Roedd 'da fi deimlad cryf na chawn fy nerbyn yn llwyr gan aelodau'r gymuned oedd yn siarad Cymraeg fel eu hiaith gyntaf. Roeddwn yn teimlo fod yna rwystr rhag i fi gael fy nerbyn yn llwyr am nad oeddwn wedi fy magu ar aelwyd Gymraeg. Rhyw deimlo oeddwn i nad oeddwn cweit yn ffitio i mewn gyda phawb a phopeth o'm cwmpas yn y sîn Gymraeg. Dwi'n aml yn meddwl hefyd y byddwn i wedi cael mwy o gefnogaeth ac anogaeth petai fy rhieni'n Gymry Cymraeg. Cofiwch, fe ges i ddigon o gefnogaeth gan fy nheulu, er nad oedden nhw'n siarad yr iaith a Nhad yn dod o Loegr. Y Cymry Cymraeg oedd y rhwystr.

Roedd symud i Goleg yr Iwerydd, lle byddai cymaint o wahanol ieithoedd yn cael eu siarad, yn brofiad arbennig iawn. Yn y coleg, roedd pawb yn derbyn bod gan bawb iaith arall, neu ieithoedd eraill. Mae rhai Cymry'n dueddol o feddwl mai dim ond y Gymraeg sy'n bodoli, yn anffodus, a dwi'n dweud hynny fel un sydd yn caru'r iaith ac wedi'i dysgu. Dwi wedi achub ar bob cyfle i ddathlu fy Nghymreictod. Ond byddai'n llesol i ni fel Cymry sy'n byw mewn gwlad fach edrych mas yn amlach. Yng Ngholeg yr Iwerydd, nid Cymru oedd canolbwynt y byd. Roedden ni i gyd yn perthyn i'r un byd, a finne'n Gymraes falch yn eu plith.

Roedd yn gallu bod yn ddigon doniol cynnal sgwrs rhwng pedwar neu bump o fyfyrwyr, a phob un yn siarad iaith wahanol â'i gilydd! Mor wahanol i fod mewn sefyllfa yn yr ysgol lle roedden ni'n cael ein hannog, neu'n wir ein gorfodi, i siarad Cymraeg. Roedd hyn yn gallu troi pobol yn erbyn yr iaith!

Roedd pob myfyriwr yn y coleg yn siarad Saesneg wrth gwrs. Ond yn aml, mewn sgwrs yn Saesneg, fyddai rhai geiriau Saesneg ddim yn cyfleu'r hyn roedd y person isie'i ddweud. Felly bydden nhw'n troi wedyn at air yn eu hiaith eu hunain a defnyddio'r gair hwnnw ynghanol eu brawddeg Saesneg. Byddwn i'n gwneud yr un peth ac yn defnyddio'r Gymraeg pan nad oedd gair Saesneg yn gwneud y tro.

Dwi mor falch fod fy rhieni wedi fy anfon i gael addysg Gymraeg. Rydw i'n hysbyseb da, os licwch chi, i lwyddiant y system. Doedd fy ngwaith cartre ddim wedi diodde am nad oedd fy rhieni yn siarad Cymraeg ac roeddwn i'n cael bod yn rhan o fywyd Cymraeg y tu fas i'r ysgol hefyd. Roedd drws newydd wedi'i agor i ddiwylliant newydd a buodd hynny o gymorth i fi ddeall fy hunan yn well.

Gan fod bywyd yng Ngholeg yr Iwerydd

mor llawn a phrysur, doedd dim amser 'da fi i barhau i ddilyn y campau a oedd mor bwysig i fi cyn mynd yno. Roedd yn rhaid i fi roi'r gorau i gael fy hyfforddi a chystadlu gyda Chlwb Athletau Caerdydd. Yr unig beth wnes i yng Ngholeg yr Iwerydd oedd rhedeg ambell farathon.

Ond roedd yn rhaid chwilio am antur neu her arall, wrth gwrs. Roedd yr ateb i hynny reit ar garreg drws y coleg – y môr. Drwy'r coleg, cefais gyfle i ddod yn rhan o dîm achub yr RNLI. Doeddwn i ddim am wrthod y cyfle hwnnw, felly fe fues i'n hyfforddi gyda thîm bad achub yr RNLI yn Sain Dunwyd. Bues i gyda nhw am flwyddyn yn dysgu sut roedd achub pobol fyddai'n mynd i drafferthion ar y môr. Roedd y ffaith i fi ddilyn cwrs achub bywyd yn y môr pan oeddwn yn ifancach yn amlwg yn help mawr wrth ddilyn y cwrs hwn. Hefyd, bues i'n dysgu sut roedd achub pobol oddi ar y clogwyni. Bydd lot o bobol yn mynd i drafferthion ar y clogwyni a'r creigiau serth sydd ar hyd yr arfordir o Sain Dunwyd i'r Barri. Wrth wneud hynny, gweles werth y gwyliau abseilio gyda'r teulu.

Roedd hwn yn gyfnod cyffrous iawn i fi. Cyn hir, fe ges fy newis fel capten criw'r bad achub. Fi oedd y ferch gynta i gael ei dewis i fod yn gapten ar y criw ers amser hir iawn. Roedd hynny'n amlwg yn fy mhlesio i'n fawr iawn. Daeth fy mhrofiad o weithio mewn tîm ac mewn sefyllfaoedd peryglus yn yr Arctig yn ddefnyddiol dros ben.

Yn ystod fy nghyfnod yn y coleg roedd gwaith yr RNLI yn digwydd. Pan fyddai galwad yn dod i fwrw'r cwch i'r môr byddai'n rhaid ymateb yn syth, wrth gwrs. Doedd dim modd aros tan ddiwedd y wers. Dwi'n cofio galwadau cyffrous ar ganol gwersi a gorfod rhedeg mor gyflym ag y gallwn o'r stafell ddosbarth wedyn, ar hyd y campws a draw at y bad achub er mwyn ymuno â gweddill y criw. Dwi'n cofio unwaith i hynny ddigwydd yn ystod arholiad a rhaid oedd gadael yr atebion, a finne ddim ond wedi hanner ateb y cwestiynau. Allan â ni yn y bad achub i'r môr i achub y person oedd wedi mynd i drafferthion. 'Nôl wedyn at y papur arholiad a finne'n wlyb at fy nghroen. Ond roedd yn deimlad grêt, a finne'n teimlo fel arwr. Roedd yr holl brofiadau hyn gyda'r bad achub yn rhoi gwefr a fyddai'n cyffroi'r adrenalin, a dwi'n hoffi'r profiadau hynny.

Wrth i gyfnod y Fagloriaeth ddod i ben, roeddwn yn fwy clir fy meddwl ynglŷn â'r hyn roeddwn am ei wneud wedi gadael y coleg. Gyda fy niddordeb mewn chwaraeon, a fy astudiaethau Bioleg a Chemeg yn arbennig, roeddwn am fentro i fyd meddygaeth chwaraeon. Yn benodol, roeddwn am fod yn ffisiotherapydd. Fe es i ddiwrnodau agored ym Mhrifysgol Caerdydd ac fe ges fy nerbyn i ddilyn y cwrs ffisiotherapi yno. Ond roedd yna broblem. Wedi gweld beth oedd y cwrs yn ei gynnig, roeddwn i'n ofni y byddai'n ddiflas tu hwnt o'i gymharu â'r hyn roeddwn wedi'i fwynhau cyn hynny yn fy nghyrsiau addysg. Roeddwn yn ofni na fyddai'n ddigon o her i fi. Ond byddwn yn ennill cymhwyster a fyddai'n arwain at yrfa, a rhaid oedd ystyried hynny a derbyn y syniad o fod yn ffisiotherapydd. Wrth i fi ddechrau derbyn hynny, ces gynnig arall.

PENNOD 5:
TIARA A DAGRAU

YN DILYN Y CYFNOD yng Ngholeg yr Iwerydd newidiodd fy mywyd a daeth dwy elfen arall yn rhan o 'mhrofiadau, sef canu a'r cystadlaethau harddwch. Mae'n anodd disgrifio faint wnaeth fy mywyd newid yn ystod yr haf hwnnw ar ôl gorffen yn y coleg.

Y peth cynta ddigwyddodd oedd i mi fynd i briodas fy ffrind. Roedd hi'n gwybod fy mod i'n canu ac fe ofynnodd i fi ganu tra bydden nhw'n arwyddo'r gofrestr yn y gwasanaeth priodas. Fe gytunes a chanu dwy gân yn y gwasanaeth. Yn y wledd briodas, fe ddaeth rhywun ata i a dweud ei fod wedi mwynhau fy nghlywed yn canu. 'Diolch yn fawr,' atebes inne'n ddigon cwrtais gan ddisgwyl i'r sgwrs ddod i ben. Ond yna fe esboniodd y dyn wrtha i.

'Dwi'n gynhyrchydd mewn cwmni recordiau,' meddai. 'Tybed a fyddai gen ti ddiddordeb mewn recordio ambell gân fel *demo* i fi?'

Yn nodweddiadol iawn ohona i, fy ymateb cynta oedd chwerthin. Nid am nad oeddwn yn ei gredu, ond am mai dyna fy ymateb nerfus cynta mewn sefyllfa o'r fath. Yna holodd fi.

'Wyt ti wedi canu mewn stiwdio o'r blaen? Fe licen i ti ddod lan i Lundain i wneud hynny.'

Wel, dyna beth oedd sioc. Doedd dim syniad 'da fi pwy oedd y boi 'ma. Felly, er 'mod i'n teimlo'n gyffrous, roedd angen bod yn ofalus. Beth bynnag, wedi peth gwaith ymchwil, fe ddealles iddo fod yn gweithio ar albwm *Fever* Kylie Minogue. Fe oedd y boi oedd yn fy holi. Ocê, doedd dim problem felly.

Lan â fi i Lundain i'r stiwdio.

'Beth alli di ganu i ni?' gofynnodd.

'Wel, galla i ganu caneuon yn Gymraeg neu yn Saesneg. Beth ry'ch chi isie?'

'O, cana yn Gymraeg, plis. Bydd hynny'n hyfryd. Does dim traciau cerddoriaeth 'da fi ond wyt ti isie i fi chwarae cordiau i dy helpu di?'

Doeddwn i ddim yn disgwyl y byddai traciau cefndir ganddo i ganeuon Cymraeg, a doedd dim angen cordiau arna i beth bynnag. Roedd fy mhrofiad yn canu alawon gwerin mewn eisteddfodau wedi sicrhau fy mod yn gallu canu'n ddigyfeiliant. Felly, lan â fi at y meic a chanu 'Ar Lan y Môr'. Wedi i mi orffen canu, roedd tawelwch mawr.

'Oedd hwnna'n ocê?' gofynnes yn ansicr.

'Beth yw dy oedran di?'

'Deunaw,' atebes.

'O't ti'n gwybod dy fod ti'n *pitch-perfect*?'

Na, doeddwn i ddim yn gwybod hynny. A dweud y gwir, doeddwn i ddim yn hollol siŵr beth oedd ystyr y geiriau. A dyma fi'n dechrau chwerthin eto gan ei bod hi'n anodd i mi gymryd hyn o ddifri.

Yna, roedd e am i fi wneud *showcase* ar gyfer cwmnïau recordio. Holes pa gwmnïau, ac fe enwodd Sony, EMI, Universal a chwmnïau tebyg.

Dechreuodd pethau symud yn gyflym iawn wedyn, â'r cynhyrchydd isie datblygu cyfres o ganeuon ar thema'r môr. Roedd yn gwybod fy mod yn byw yng Ngholeg yr Iwerydd ac yn gapten tîm y bad achub. Pan ddaeth dyn o gwmni Universal i wrando arna i, fe wnaeth y sylw arferol, 'Oh you're Welsh, no wonder you can sing!'

Ac fe atebes inne,

'Yes indeed, there must be something in the water!'

A dyna ni, dyna oedd enw'r prosiect canu wedyn – There's Something in the Water. Yna cafodd rhagor o sesiynau recordio eu trefnu. Mewn un stiwdio daeth y technegydd ata i a dweud mai dyna lle roedd y Black Eyed Peas wedi recordio'u halbwm ddiweddara. Mewn stiwdio arall roeddwn yn canu i gyfeiliant rhywun oedd yn chwarae hen biano Freddie Mercury. Roedd yr holl beth, yr holl fyd yn swreal iawn!

Roedd gan gwmni Sony ddiddordeb mewn gwneud albwm. Ond roedd problem gyda'u cynnig nhw. Roedden nhw am i fi greu albwm o ganeuon pop, a bydden nhw'n creu delwedd newydd i fi a fyddai'n cyd-fynd â hynny. Yn syml, doedd dim diddordeb o gwbl 'da fi mewn gwneud hynny. Nid dyna oedd fy mwriad o gwbl. Nid pop yw fy myd i. Ac yn sicr, doeddwn i ddim yn fodlon iddyn nhw greu delwedd newydd i fi. Mae un 'da fi'n barod. Ond, mae'n rhaid cyfadde, pan awgrymon nhw fy nghyflwyno i i'r byd pop, roeddwn yn clywed llais bach yn fy mhen yn dweud wrtha i am dderbyn eu cynnig. Roedd y diafol ar fy ysgwydd yn trio fy mherswadio i'w dderbyn gan y byddai'n dod ag enwogrwydd i fi, cael bod ar y teledu ac ennill arian mawr hefyd. Ond roedd yn rhaid i fi ddewis peidio â gwrando ar y llais hwnnw a chofio beth oedd fy agwedd at fyd y selébs. Dydw i ddim yn ffan mawr o'r byd hwnnw a rhaid oedd gwrthod y cynnig felly.

Daeth yr alwad nesa gan gwmni EMI. Roedd mwy o sylwedd i'r hyn oedd 'da nhw i'w ddweud. Roedden nhw am i fi arwyddo cytundeb i wneud record! Anhygoel. Ac yn fwy na hynny, record o ganeuon fyddai'n fy mhlesio i yn hytrach na chaneuon pop ysgafn. Er 'mod i wrth fy modd yn gwrando ar ganeuon pop, mater arall yw fy nhroi i'n seren bop.

Roedd cael cynnig cytundeb i wneud record yn sicr yn rhywbeth i'w groesawu, ond roedd yn codi problem. Sut fyddai'r cynnig hwn yn effeithio ar fy ngallu i ddilyn y cwrs ffisiotherapi yn y brifysgol? Tan y foment honno, ffisiotherapi oedd y cyfan roeddwn am ei wneud mewn bywyd. Nawr roedd yna gynnig arall, deniadol a chyffrous. Mis oedd 'da fi cyn dechrau ar y cwrs yn y brifysgol a dim llawer o amser i benderfynu.

Yr ateb yn y diwedd oedd ffonio Prifysgol Caerdydd a thrafod y mater 'da nhw. Roedden nhw'n fodlon i fi ohirio dechrau ar y cwrs tan y flwyddyn wedyn, a byddai hynny'n rhoi cyfle i fi weld beth allai ddod o'r cytundeb recordio. Falle na fyddai unrhyw gyfleon yn dod, ond o leia byddai cyfle i fi fynd i astudio yn y brifysgol wedyn.

Fel mae'n digwydd, ddaeth dim llwyddiant o'r prosiect. 'Nes i ddim arwyddo'r cytundeb, hyd yn oed, yn y diwedd. Yn y cyfnod pan oeddwn i fod arwyddo, aeth EMI i drafferthion ariannol mawr. Yn y diwedd, cafodd ei brynu gan gwmni arall a'i rannu'n ddwy adran gan y perchnogion newydd. O ganlyniad, anghofiodd y cwmni am bawb nad oedd wedi arwyddo cytundeb cyn hynny. Doedd dim modd iddyn nhw arwyddo pobol newydd – siom gynnar iawn i fi yn fy ngyrfa fel cantores.

Roedd y cyfle annisgwyl yma i fentro i fyd y canu wedi dod ar gyfnod diddorol iawn yn fy mywyd am reswm arall heblaw fy mwriad i fynd i brifysgol. Ychydig cyn y briodas lle clywodd y cynhyrchydd fi'n canu, roeddwn wedi rhoi cynnig ar faes newydd sbon i fi. Roedd lot o fy ffrindiau wedi dechrau tynnu 'nghoes i a dweud y dylwn i gymryd rhan mewn cystadleuaeth brenhines harddwch. Pan ddaeth cystadleuaeth Miss Bro Morgannwg i sylw'r ffrindiau hynny, doedd dim stop arnyn nhw.

Fe wrandawes i arnyn nhw yn y diwedd a mentro i fyd oedd yn hollol ddieithr i fi. Roedd ffeinal Miss Bro Morgannwg ym Mhorthcawl ac fe es yno heb gynhyrfu gormod ynglŷn â'r gystadleuaeth. Doeddwn i ddim yn nerfus chwaith, yn arbennig o'i gymharu â sawl un o'r lleill oedd yn cystadlu. Roedd cymaint ohonyn nhw mor nerfus ac aeth eu perfformiad yn rhacs.

Fe ddaeth yn amlwg i fi'r noson honno fod

yna fyd cyfan yma nad oeddwn i'n gwybod dim amdano. Y cwestiwn a ges droeon oedd pa *beauty pageants* roeddwn i wedi cystadlu ynddyn nhw cyn hynny. Doedd dim syniad 'da fi beth oedd *beauty pageant*, ond, yn ôl y sôn, mae yna'r fath beth â *beauty pageant fever*. Bydd cannoedd o ferched ifanc yn cystadlu mewn un pasiant ar ôl y llall a'r holl beth yn troi'n obsesiwn llwyr. Dyna sy'n rhoi pwrpas i'w bywydau.

Ond mae'n rhaid bod yn gytbwys, achos fe weles i ochr gadarnhaol iawn i'r byd hwn yn ogystal. Mae nifer o ferched ifanc sydd wedi cael problemau yn yr ysgol neu adre, weithiau drwy gael eu bwlio, yn gallu ennill nerth a hyder trwy gystadlu mewn pasiant. Mae mentro ar lwyfan a cherdded yn unionsyth ar ei hyd yn rhoi hunanhyder i'r merched hyn, hyder na fydden nhw'n ei gael yn unrhyw le arall. Yn sicr, dydy e ddim yn ddrwg i gyd.

Ar ddiwedd y noson, fi gafodd fy nghoroni yn Miss Bro Morgannwg. Beth wnes i? Ie, chwerthin! Roeddwn i nawr wedi ymuno â byd breninesau harddwch go iawn. Y cam nesa fyddai cystadleuaeth Miss Cymru ei hun. Roedd y gystadleuaeth honno yn Neuadd Dewi Sant, Caerdydd.

Roedd sawl rownd wahanol yn ystod y

noson. Cawson ni i gyd ein holi ac fe wnes inne, fel y gwnes i yn y cyfweliad ar gyfer mynd i'r Arctig, benderfynu bod yn hollol agored a gonest wrth sôn am fy mwriadau. Wedi'r cyfweliad cawson ni dair munud i siarad amdanon ni ein hunain. Doeddwn i'n bendant ddim yn mynd i ddweud fy mod i am gwrdd â phobol ddiddorol a 'mod i am deithio i wledydd egsotig ac achub y ddynoliaeth yn fy amser sbâr! Doeddwn i ddim am fod yn neis-neis wrth anifeiliaid chwaith!

Wedyn daeth y rowndiau gwisgo dillad amrywiol. Un ohonyn nhw oedd rownd y Miss Wales Ware, pan oedd yn rhaid i fi wisgo ffrog a'r Ddraig Goch arni. Yn y rownd gwisg parti, roedd cyfle i wisgo ffrog yn llawn sbarcls ac wedyn roedd rownd y wisg nos. Roeddwn i wedi paratoi fy ngwisgoedd yn ofalus iawn.

Unwaith eto, roedd y tensiwn y tu ôl i'r llwyfan yn anhygoel. Os oedd cystadleuwyr Miss Bro Morgannwg wedi cynhyrfu, roedd llawer mwy o gynnwrf yn Neuadd Dewi Sant. Eto, rhaid cyfadde bod y cystadleuwyr yn fwy cyfeillgar nag oeddwn i wedi'i ddisgwyl. Ar y llaw arall, roedd eiddigedd yn dod i'r amlwg o bryd i'w gilydd ac roedd rhai'n edrych yn ddigon oeraidd ar eu gwrthwynebwyr yn ystod y nos.

Ond nid dyna wnaeth fy nharo i fwya. Yr hyn ddaeth yn amlwg i fi oedd cymaint o ddifri roedd y merched. Roedd ar lawer ohonyn nhw ofn y byddai eu holl fywyd yn fethiant llwyr os na fydden nhw'n llwyddo. Yn wir, roedd pob dim yn dibynnu ar y gystadleuaeth hon a methiant yn troi'n rhywbeth personol iawn. Roedd hynny'n fy nhristáu i, a dweud y gwir.

O'm safbwynt i, roedd rheswm cwbl wahanol 'da fi dros gymryd rhan. Yn gynta, roedd yn her newydd i fi. Ond, yn fwy na hynny, roedd yn ffordd o greu delwedd i fi ac yn fodd i agor drysau defnyddiol. Ces y cyfle cynta i ganu yn ystod y cyfnod rhwng cystadlaethau Miss Bro Morgannwg a Miss Cymru. Fe benderfynes fwrw mlaen a chymryd rhan yng nghystadleuaeth Miss Cymru am na lwyddes i ennill cytundeb 'da EMI. Rywsut roedd yn ffordd i fi brofi fy hun.

Roedd y bobol a wrandawodd arna i'n canu cyn hynny wedi cyfeirio at y ddelwedd fod pawb yng Nghymru yn canu. Beth petawn i'n gallu ychwanegu at hynny a chynnig delwedd a fyddai'n wahanol i'r disgwyl? Gallwn fynd at gwmnïau a dweud fy mod wedi ennill teitl Miss Cymru a 'mod i'n gallu canu hefyd. Gallwn wedyn sôn am Goleg yr Iwerydd a thaith yr Arctig, a hefyd am fod yn gapten tîm y bad achub lleol. Byddai'r cyfan yn annisgwyl iawn i'r rhai fyddai yno i wrando arna i'n canu.

Wrth gynllunio fy ngyrfa es i 'nôl at y cyfnod pan fyddwn yn mynydda gyda'r teulu. Bryd hynny, wrth edrych ar gopa mynydd byddai'n rhaid cynllunio a chwilio am y ffordd orau o gyrraedd y copa a pheidio â rhuthro'n syth at y brig. Yn hytrach, rhaid oedd dringo o wersyll i wersyll er mwyn cyrraedd y copa. Mae'r un peth yn wir am ennill bywoliaeth ym myd canu, a'r ffordd o gyrraedd y nod ydy peidio â mynd yn syth am y brig. Ond rhaid credu ym mhob cam unigol dwi'n ei gymryd ar hyd y llwybr i gyrraedd y nod.

Roedd cystadleuaeth Miss Cymru yn dipyn o hwyl. Eto i gyd, pan ddaeth y cyhoeddiad ar lwyfan Neuadd Dewi Sant mai fi oedd wedi cael fy newis fel Miss Cymru 2010, fe ymatebes yn y modd mwya nodweddiadol o freninesau harddwch. Fe es yn emosiynol tu hwnt a llefen y glaw! O leia wnes i ddim chwerthin y tro 'ma. Ond, drwy'r dagrau, fe deimles ryw egni pendant oedd yn gwneud i fi feddwl bod y foment hon yn ddechrau ar rywbeth mawr yn fy mywyd. A dyna pam y gwnes i gystadlu, nid ennill y teitl Miss Cymru oedd yn bwysig.

Teimlad anhygoel oedd eistedd ar y llwyfan a chael y goron ar fy mhen. Does dim diben gwadu hynny, roedd yn wefr arbennig. Ond y wefr fwya oedd arwyddocâd y foment i mi. Roedd hwn yn drobwynt yn fy mywyd ac yn arwydd y gallwn i fynd yn ôl at fy mreuddwydion. Gallai'r cwrs gradd aros tan y byddwn yn hŷn. Un peth ddwedes i wrth y teulu adre oedd, petawn i'n ennill Miss Cymru, y byddwn i'n bendant wedyn yn mynd ati i drio creu gyrfa i fi fy hun fel cantores. Fe enilles i'r teitl a'r cam nesa i fi, felly, oedd defnyddio fy mlwyddyn fel Miss Cymru yn y ffordd orau bosib. Roedd blwyddyn galed o waith o'm blaen os oeddwn am fanteisio ar fy nheitl.

PENNOD 6:
ANTHEM A CAPELLO

WRTH FENTRO AR FY mlwyddyn fel Miss Cymru roedd un peth yn sicr, fyddwn i ddim yr un Miss Cymru ag roedd y trefnwyr am i fi fod. Y broblem gynta oedd 'da fi, y bore ar ôl ennill, oedd ateb y cwestiwn i fi fy hun, Beth yw Miss Cymru? Wnaeth lot o ferched a enillodd y gystadleuaeth fanteisio fawr ddim ar ôl ennill y teitl – ac roedd rhai hyd yn oed wedi dal ati yn eu swyddi arferol ac anghofio am y teitl. Mae eraill wedi gwneud môr a mynydd mas o'r teitl! Penderfynes mai fy agwedd i at hyn oll oedd mai teitl oedd e, a dim ond teitl – dyna i gyd. Byddai'n rhaid i fi ddiffinio beth roedd hynny'n ei olygu yn fy achos unigol i. Ond doedd trefnwyr Miss Cymru ddim yn cytuno.

Roedd 'da fi'r *stereotype* i frwydro yn ei erbyn hefyd. Y math o syniad sydd 'da pobol ynglŷn â Miss Cymru, neu Miss unrhyw le a dweud y gwir. Doeddwn i ddim am i neb feddwl na fyddwn i'n manteisio ar y cyfle. Fyddwn i ddim yn diogi, yn peintio fy ewinedd ac edrych yn bert gan freuddwydio am briodi pêl-droediwr ryw ddydd. Dyw bod yn WAG ddim yn ddelwedd sy'n apelio ata i! Fe ddes i ar draws agwedd fel'na yn y dyddiau cynta wedi i fi ennill y teitl ac roedd yn dal yno tan i fy nghyfnod ddod i ben, flwyddyn yn ddiweddarach. Roedd yn siom gweld cymaint o bobol yn dod i siarad â fi gyda syniadau pendant yn eu meddyliau pa fath o berson y dylwn i fod o ystyried 'mod i'n frenhines harddwch. Fe flines i ar glywed, 'O, doeddwn i ddim yn disgwyl hynny!' wrth i bobol ddod ar draws rhyw agwedd o'm stori.

Dechreuodd y broblem pan ddwedes i wrth drefnwyr cystadleuaeth Miss Cymru y byddwn i'n rhoi fy nghanu yn gynta. Roedd hynny'n golygu osgoi gwneud unrhyw beth fyddai'n debygol o beryglu fy nghyfle i ddatblygu fy ngyrfa fel cantores. Hefyd, roeddwn am gadw fy nelwedd a phenderfynu sut roeddwn i am ymddangos yn gyhoeddus. Falle fod rhai'n meddwl bod y fath agwedd yn swnio'n drahaus iawn, ond roedd yn dangos bod 'da fi ffocws pendant yn fy mywyd.

Yn gynnar iawn, fe ddaeth yn amlwg fod y trefnwyr am i fi wneud pethau nad oeddwn i'n hapus yn eu gwneud. Roedden nhw am i fi gerdded o amgylch y sgwâr bocsio yn ystod rhyw ffeit neu'i gilydd yn dangos rhif y rownd nesa, a hynny, wrth gwrs, yn gwisgo'r crys-T mwya tyn posib a shorts byr, byr. Doedd y syniad o gerdded rownd a rownd y ring a llond neuadd o ddynion yn chwibanu a gweiddi fel mwncïod arna i ddim yn apelio o gwbl. Gwrthodes gymryd rhan yn y noson. Roedd disgwyl hefyd i fi wneud ymddangosiadau mewn ambell fan yn gwisgo dillad Lycra. Doedd hynny ddim yn apelio chwaith. Doeddwn i'n bendant ddim isie cymryd rhan mewn un digwyddiad arall a gynigiwyd i fi, er ei fod ar gyfer elusen. Ces wahoddiad i fynd i ginio i godi arian at ryw elusen neu'i gilydd. Un o'r gwobrau yn yr ocsiwn y noson honno oedd mynd mas am bryd o fwyd 'da fi. Dim diolch. Doeddwn i ddim yn gweld fy hun fel gwobr mewn ocsiwn. Gwrthod hynny wnes i hefyd, gan nad oedd y math yna o weithgaredd yn cyfleu delweddau positif o ferched o gwbl.

Ar y llaw arall, roeddwn yn falch iawn o'r cyfle i fod yn feiriniad yn y *beauty pageants* dwi wedi sôn amdanyn nhw'n barod. Sylweddoles i fod cymryd rhan yn y fath achlysur yn gallu gwneud cymaint o wahaniaeth i rai merched. Roedd disgwyliadau mawr ohona i drwy gydol y flwyddyn pan oeddwn yn Miss Cymru, ac fel arfer doedd hynny ddim yn broblem. Wedi'r cyfan, roedd hynny i'w ddisgwyl. Ond roedd yna adegau pan oeddwn yn meddwl eu bod yn disgwyl gormod oddi wrtha i, yn enwedig yn disgwyl i fi wneud cymaint o bethau am ddim.

Yr anghytuno mwya a ddigwyddodd rhyngdda i a threfnwyr Miss Cymru oedd fy ymwneud â gwaith elusennol. Mae cefnogi elusennau wedi bod yn rhan o'n bywyd ni fel teulu ers pan y galla i gofio. Mae Dad wedi sefydlu a rhedeg ei elusen ei hun, ac mae fy chwiorydd a finne wedi bod yn weithgar gyda'r elusen honno ers blynyddoedd. Yn ystod fy mlwyddyn fel Miss Cymru, roedd y trefnwyr yn disgwyl i fi gefnogi eu helusen nhw ac fe wnes i gryn dipyn o waith gyda'r elusen honno. Ond roedd 'da fi un neu ddau o gwestiynau i'w holi ynglŷn ag ambell beth sylwes i arno wrth weithio gyda'r elusen honno. Doeddwn i ddim yn dawel fy meddwl.

Ar ben hynny, roedd elusen arall yn agos at fy nghalon, un roeddwn i'n gyfarwydd iawn â hi. Nid elusen Dad oedd hi, ond elusen i godi arian at Ysbyty Felindre yng Nghaerdydd. Mae cysylltiad agos 'da fi â'r ysbyty hwnnw. Mae fy nhad-cu'n cael ei drin yno ac yno aeth fy mam-gu hefyd. Felly, roedd cefnogi'r gwaith mae'r ysbyty'n ei wneud yn bwysig iawn i fi'n bersonol. Ond, yn anffodus, doedd y trefnwyr ddim yn hapus iawn 'mod i'n codi arian at Ysbyty Felindre yn ystod y flwyddyn honno.

Fy nadl i oedd fy mod yn nabod cymaint o bobol sy'n gweithio yno ac yn gwybod am y gwaith da a gâi ei wneud yno. Byddai'n gwbl amlwg i fi ac i bawb sut y byddai'r arian y byddwn i'n ei godi yn cael ei wario. Ar ôl chwe mis, fe benderfynes i ddilyn fy llwybr fy hun a gwneud lot o bethau yn enw Ysbyty Felindre fel Miss Cymru. Dwi'n dal i gefnogi'r ysbyty ac fe redes i hanner marathon drosto'n ddiweddar. Eleni dwi'n mynd i America i gymryd rhan mewn ras beiciau gyda thîm o bobol i godi arian i'r ysbyty.

Doedd y ffaith fy mod i'n adnabod Miss Lloegr yn dda ddim yn gwella'r sefyllfa chwaith. Roeddwn i'n gallu gweld yn ddigon clir pa fath o gefnogaeth roedd hi'n ei chael o'i gymharu â fi. Pe bai hi'n dweud ei bod isie bod yn gantores, yna byddai'r rhai oedd yn gofalu amdani hi yn ystod ei blwyddyn fel brenhines harddwch wedi defnyddio'r digwyddiadau i geisio datblygu hynny. Ches i ddim yr un gefnogaeth. Roeddwn yn teimlo i fi gael fy ngosod mewn sefyllfa lle roedd yn rhaid dewis rhwng y canu a gweithgareddau Miss Cymru. Byddai wedi bod yn ddigon posib i'r ddau beth fynd law yn llaw.

Un peth wnes i yn ystod ail hanner fy mlwyddyn fel Miss Cymru oedd cysylltu â

Chymdeithas Pêl-droed Cymru. Fe anfones i e-bost atyn nhw yn dweud pwy oeddwn i ac y byddwn i'n falch iawn o ganu anthem Cymru ar ddechrau un o gêmau tîm Cymru. Roedd hon yn ffordd wych o uno Miss Cymru a'r canu. A beth sy'n well na chael Miss Cymru yn cefnogi tîm pêl-droed ei gwlad? Fe wnaeth y Gymdeithas Bêl-droed gytuno a gofyn i fi ganu yn y gêm nesa y byddai Cymru yn ei chwarae.

'You know which game that is, do you?' gofynnodd Dad i fi.

'No.'

'It's the Wales v. England European Championship game!'

Doeddwn i ddim yn siŵr beth yn union roedd Dad yn ei awgrymu wrth ddweud hynny. Fe aeth yn ei flaen i egluro.

'It's a massive game! Complete sell-out with over 70,000 people there!'

O diar! 'Na beth oedd pwysau! Chwarae teg i'r Gymdeithas Bêl-droed am fy ngwahodd i gêm mor bwysig. Yn sicr, byddai'n brofiad newydd sbon i fi sefyll o flaen torf mor fawr a finne erioed wedi cael y profiad o sefyll o flaen unrhyw dorf cyn hynny – ddim ar fy mhen fy hun, beth bynnag. Canu mewn côr fyddwn i mewn eisteddfodau. Man a man dechrau gyda thorf o dros 70,000 felly!

Cam cynta'r broses oedd cael gwahoddiad i fynd i gwrdd â chwaraewyr carfan Cymru cyn y gêm. Doeddwn i ddim yn disgwyl hynny. Daeth y gwahoddiad gan y rheolwr, y diweddar Gary Speed. (Dyna drasiedi oedd ei golli yn ystod y misoedd diwetha ac yntau'n ddyn mor hyfryd. Mae colled fawr ar ei ôl.)

Y rheswm pam gwnaeth e ofyn i fi gwrdd â'r chwaraewyr oedd er mwyn eu helpu gyda geiriau 'Hen Wlad fy Nhadau'. Roedd e'n becso wrth weld nad oedd nifer yn y tîm yn canu'r anthem cyn y gêm. Doedd e ddim yn credu bod hynny'n beth da ac yn sicr doedd e ddim yn edrych yn dda ar y teledu. Roedd hefyd yn credu y byddai canu'r anthem yn gwneud lles i'r chwaraewyr, achos gallai'r canu eu hysbrydoli i chwarae'n well dros eu gwlad. Fe es i mewn i stafell lle roedd y garfan gyfan a dyma Gary Speed yn dweud, 'OK, Courtenay, would you like to say something?'

O jiw! Beth allwn i ei ddweud wrth lond stafell o chwaraewyr proffesiynol? Yr unig beth y gallwn ei rannu gyda nhw oedd esbonio beth roedd bod yn Gymraes yn ei olygu i fi. Roedd hynny ychydig haws gan eu bod nhw ar fin chwarae yn erbyn Lloegr. Beth wnes i wedyn oedd rhannu stori'r Welsh Not gyda nhw!

'Your ancestors fought for our language

against such oppression. They actually tried to make the language of Wales illegal. What better time, therefore, to be able to sing in Welsh than against the English?'

A mlaen â fi i bregethu o'r galon. Roedden nhw'n gwrando'n dda iawn. Ond roedd yn rhaid i un ohonyn nhw dynnu coes, wrth gwrs. Gofynnodd e gwestiwn bach digon pryfoclyd a fydd hi ddim yn syrpréis i chi ddeall mai Craig Bellamy oedd hwnnw!

'If you are so proud of being Welsh, why have you agreed to sing the English anthem then?'

Chwerthin wnaeth pawb o glywed ei gwestiwn, ond fe atebes i trwy ddweud ei bod hi'n iawn dangos parch at bawb sy'n ymweld â'n gwlad.

Roedd yn dipyn o job dysgu'r geiriau iddyn nhw, mae'n rhaid dweud. Dwi'n deall yn iawn pam – mae rhai'n gweld y Gymraeg yn iaith anodd i'w dysgu. Yn sicr roedden nhw'n ei gweld yn iaith anodd i'w chanu. Doedd y rhan fwya o'r chwaraewyr hyn ddim wedi byw yng Nghymru ers blynyddoedd mawr, os o gwbl. Yn y diwedd, fe ofynnes i eiriau'r anthem gael eu sgrifennu'n ffonetig ar gardiau mawr. Hefyd, cafodd lot o ddelweddau gwahanol eu gosod ochr yn ochr â'r geiriau fel bod y chwaraewyr yn gallu cysylltu gair a delwedd.

Fe ddaeth y diwrnod mawr yn y diwedd. Ces dipyn o ofn wrth sefyll yn y twnnel cyn camu ar y cae. Roedd chwaraewyr Cymru yn sefyll yno hefyd gyda fi ond doedd 'run ohonyn nhw'n dweud gair. Pob un a'i ben i lawr yn canolbwyntio ar y gêm roedden nhw ar fin ei chwarae. Roedd modd cyffwrdd yn y tensiwn, bron. Am y tro cynta yn fy mywyd, mae'n siŵr, roeddwn ar fin cymryd rhan mewn rhywbeth brawychus – a wnes i ddim chwerthin! Y cyfan oedd yn mynd trwy fy meddwl oedd mor fawr oedd yr holl achlysur roeddwn i nawr yn rhan ohono.

Anodd iawn disgrifio sut roeddwn i'n teimlo wrth gerdded drwy'r twnnel wedyn a mynd allan i'r cae ei hun. Rhaid oedd wynebu wal fawr o sŵn a hwnnw'n mynd rownd a rownd y stadiwm. Roedd y stadiwm yn un môr mawr o goch a'r holl le'n crynu gan y sŵn, a minne fel petawn ynghanol rhyw ddaeargryn bach.

Daeth y chwaraewyr allan i'r cae gyda fi, wrth gwrs – tîm Cymru un ochr i fi a thîm Lloegr yr ochr arall. Wrth i fi sylwi bod cymaint o sêr enwog ar y cae, daeth rhywun â meicroffon i mi a'i roi yn fy llaw. Fe dawelodd hynny fy nerfau gryn dipyn. Pan ddechreues i ganu sylweddoles mai fi oedd yn canu, a hynny ar fy mhen fy hun o flaen y fath dorf. Ond, wedi dweud hynny, doeddwn i ddim yn canu ar fy mhen fy hun chwaith. Roedd pawb yn y stadiwm, heblaw am dîm a ffans Lloegr wrth gwrs, yn canu yn un côr. Aeth teimlad o falchder anhygoel drwydda i wedyn wrth ganu anthem fy ngwlad, a hynny yng nghwmni degau o filoedd o'm cyd-Gymry! Anhygoel. Roedd yn wefr arbennig. Er nad oeddwn wedi cynllunio i wneud hynny cyn dechrau canu, pan ddes at y geiriau 'Gwlad! Gwlad!' fe roies i fy llaw ar fy nghalon. Roedd yn ymateb hollol naturiol i'r ffordd roeddwn i'n teimlo. Chwarae teg, fe wnaeth y chwaraewyr ymdrech eitha da i ganu'r anthem hefyd. Dwi ddim yn credu iddyn nhw wneud cystal ymdrech ers hynny, cofiwch, ond fe wnaethon nhw'r diwrnod hwnnw!

Mater cwbl wahanol oedd canu anthem Lloegr cyn yr un gêm. Doeddwn i ddim yn gallu clywed yr un nodyn oedd yn dod allan o'm ceg. Roedd sŵn ffans Cymru mor uchel, doedd dim posib deall gair o 'God Save the Queen'. Dim ond ton ar ôl ton o 'bw' roeddwn i'n gallu ei glywed. Dwi'n deall yn iawn yr holl hanes sydd rhwng Cymru a Lloegr a pham fod pawb yn gweiddi a bwian fel roedden nhw. Ond eto i gyd, dwi'n dal i gredu, os ydy pobol yn cael gwahoddiad i'n gwlad ni, rhaid i ni ddangos parch tuag at eu hanthem nhw hefyd, pwy bynnag ydyn nhw.

Rai dyddiau cyn y gêm, roedd y Gymdeithas Bêl-droed wedi holi beth roeddwn i isie ei gael ar gefn y crys y byddwn yn ei wisgo i ganu. Dwedes fy mod isie'r rhif chwech. Beth arall, holon nhw? Miss Cymru? Courtenay? Na, gwrthodes i'r rheina. Roeddwn yn gwybod yn union beth roeddwn i isie ar gefn y crys. Fy nghyfenw, Hamilton. Pam? Am y byddai hynny'n siŵr o wylltio Dad.

Esboniodd Mam ei bod hi'n eistedd wrth ei ymyl yn y stadiwm pan ymddangosodd lluniau ohona i ar y sgrin fawr. Roedd Dad yn ddigon hapus wrth weld fy wyneb a finne'n chwifio ar y dorf. Ond pan ddaeth llun o 'nghefn i ar y sgrin roedd ei ymateb yn gwbl wahanol.

'Oh no! Hamilton's name on a Welsh jersey! How will I ever live this down?'

Wedi'r gêm buodd y ddau ohonon ni'n tynnu coes ein gilydd oherwydd i'r enw Hamilton ymddangos ar grys Cymru, ac ynte, wrth gwrs, yn Sais!

Y diwrnod ar ôl gêm Lloegr fe wnaeth fy chwaer fy ffonio o Lundain. Dywedodd ei bod yn teithio ar y Tube ac yn darllen amdana i yn y papur dyddiol, *Metro*. Roedd yn braf deall hynny, ond yna dywedodd pam roedd fy hanes yn y papur. Roedd llun mawr ohona i'n canu anthem Cymru – a rheolwr Lloegr, Fabio Capello, yn edrych ar fy mhen-ôl! Wedi dod dros y siom nad sôn am fy nghanu roedd yr erthygl, fe ddechreues i weld y peth fel jôc a derbyn y byddai pethau fel hyn yn digwydd. Roedd y llun wedi'i gynnwys mewn llwyth o bapurau newydd eraill hefyd.

Wedi'r gêm honno, fe ges i gais i ganu cyn gêmau pêl-droed nesa Cymru hefyd. Wnes i ddim ystyried gwrthod, er i mi gael prawf digon heriol i ganu anthemau'r timau sy'n chwarae yn erbyn Cymru – yn arbennig wrth i Gymru chwarae yn erbyn Montenegro!

Creodd hynny damed bach o broblem, yn amlwg, ond roedden nhw'n ymweld â'n gwlad ni, felly roedd yn rhaid iddyn nhw gael croeso. Fe es ati a gwneud yr hyn wnes i wrth ddysgu'r geiriau i dîm Cymru. Gofynnes i berson o Montenegro sgrifennu geiriau'r anthem yn ffonetig i fi. Fe ddysges i nhw a'u canu wedyn cyn y gêm. Rai dyddiau wedyn, fe ges neges gan reolwr tîm Montenegro yn dweud mai dyna'r tro cynta erioed i rywun ganu anthem Montenegro cyn un o'u gêmau y tu allan i'w gwlad eu hunain. Roedd yn gwerthfawrogi hynny'n fawr iawn. Wrth ganu eu hanthem gallwn fod yn sicr fod pobol Montenegro yn gwerthfawrogi Cymru'n fwy o ganlyniad i hynny.

Mae canu'r anthem yn sicr wedi bod yn rhywbeth pwysig i fi a ddechreuodd yn y cyfnod pan oeddwn yn Miss Cymru. Heb amheuaeth, fe wnes i elwa cryn dipyn yn ystod y flwyddyn honno wrth gael cyfleon i fynd ar y teledu ac ar y radio. Roedd hyn yn arbennig o wir wrth ystyried rhaglenni yn Gymraeg. Daeth sawl cyfle gwahanol i fi, yn enwedig wedi i fi benderfynu bwrw mlaen a threfnu pethau fy hun. Roedd un cam mawr arall yn rhan o'r flwyddyn honno. Roeddwn i'n cynrychioli Cymru yng nghystadleuaeth Miss Byd, a hynny draw, draw yn China.

PENNOD 7:
WALES A'R BYD

ER 'MOD I WEDI crwydro'r byd yn helaeth, doeddwn i'n sicr ddim wedi bod yn unrhyw le tebyg i China o'r blaen. Roeddwn mor falch mai dyna lle roedd cystadleuaeth Miss Byd y flwyddyn roeddwn i'n Miss Cymru. Wedi inni gyrraedd yno, roedd taith wedi'i threfnu ar ein cyfer. I Beijing â ni yn gynta, wedyn lan i Mongolia, lawr i Shanghai ac yna i Ynys Sanya, lle roedd y gystadleuaeth yn cael ei chynnal. Mae Sanya yn cael ei disgrifio fel Hawaii China, ac roedd e'n sicr yn lle hyfryd. Yn ffodus, fe ges i aros yn China am bump wythnos.

Dysges fod byd y *beauty pageants* yn fusnes mawr ym Mhrydain, ond mae'n fusnes enfawr yn China. Pan fydden ni'n teithio o le i le, roedden ni'n cael ein cludo mewn dau fws mawr gwyn a llythrennau aur ar hyd yr ochrau'n dweud 'Miss World Contestants'. Ble bynnag y bydden ni'n mynd, byddai haid o bobol yn ein dilyn fel pe baen ni'n bêl-droedwyr neu'n sêr y byd pop 'nôl ym Mhrydain. Yn Shanghai welson ni hyn ar ei waetha. Roedd y ddau fws wedi cyrraedd y ddinas yn barod i'n gollwng yn y gwesty, ond gan fod cymaint o bobol o amgylch y bysys, roedd yn amhosib i ni ddod oddi arnyn nhw. Buodd yn rhaid i ni eistedd ar y ddau fws am bedair awr cyn gallu mynd i mewn i'r gwesty.

I mewn â ni yn y diwedd, a daeth yn ddigon amlwg na fyddai unrhyw un yn fy ngalw i'n 'Courtenay' trwy gydol fy nghyfnod yno. Fyddai dim un o'r merched eraill yn cael ei chyfarch wrth ei henw personol chwaith. Wales oeddwn i am y pump wythnos a dyna oedd ar ddrws fy stafell wely. Fel arfer, mae Miss Cymru yn rhannu stafell â Miss Alban yng nghystadleuaeth Miss Byd. Ond, yn y lifft ar y ffordd i fyny at fy stafell, dywedodd yr un oedd yn fy hebrwng i bob man y byddwn yn rhannu stafell gyda Miss USA. Wrth i mi gerdded i mewn i fy stafell, dyna lle roedd hi'n eistedd yn sgwrsio gyda Miss St Lucia. Roedd hi'n dangos lluniau ohoni hi ei hun yn modelu. Ond diolch byth, roedd yn ferch naturiol a chartrefol. Fe wnaeth y ddwy ohonon ni dorri'r iâ yn syth drwy chwerthin wrth glywed acenion ein gilydd. Roedd hi'n dod o Kentucky a finne'n gwneud sbri am ben y *drawl* o dde'r Unol Daleithiau. Hithau wedyn yn gwneud sbri am ben fy acen Gymraeg i. Plentynnaidd, falle, ond fe weithiodd.

Wrth sôn am y ferch oedd yn fy hebrwng

i fy stafell, rhaid dweud ei bod yn gorfod fy hebrwng i ble bynnag y byddwn i'n mynd. Pan na fyddwn yn fy stafell fy hun, byddai hi'n gorfod bod gyda fi. Ie, hyd yn oed i fynd i'r tŷ bach. Yn anffodus, byddai'r lleoedd roeddwn yn gallu crwydro iddyn nhw'n aml yn dibynnu ar hwyl y *chaperone*. Un prynhawn roedd Alex, Miss USA, a fi isie bwyd. Gan nad oedd sôn am y *chaperone* er i ni aros amdani am amser hir, gadawon ni ein stafell hebddi. Wrth i ni gyrraedd cyntedd y gwesty, fe glywon ni lais dyn yn gweiddi ar ein hôl. Roedd un o'r dynion PR, boi o'r Iseldiroedd, am wybod pam roedden ni'n mentro mas o'n stafell a hynny heb *chaperone*. Fe fuon ni bron ag ufuddhau iddo fel dwy ferch ysgol a mynd 'nôl i'n stafell. Ond fe wnaeth y ddwy ohonon ni gofio ein bod yn oedolion a'n bod isie bwyd. Felly, rhedeg allan o'r gwesty nerth ein coesau wnaethon ni yn y diwedd. Trwy gydol y pump wythnos, dydw i ddim yn gallu meddwl am un funud pan oeddwn i ar fy mhen fy hun yn llwyr. Heblaw am y munudau gwerthfawr hynny yng nghiwbicl y tŷ bach, wrth gwrs!

Roedd yr holl beth braidd yn glawstroffobig, a dweud y gwir. Yn y diwedd, roedd gorfod rhannu stafell hefyd yn broblem. Nid y syniad o rannu stafell ei hunan, roedd 'da fi hen ddigon o brofiad o hynny am fod tair chwaer 'da fi. Hefyd rhaid cofio'r cyfnod o rannu pabell yn yr Arctig a rhannu stafelloedd yng Ngholeg yr Iwerydd. Ond doedd Miss USA a Miss Cymru ddim yn dod mlaen cystal â hynny. Fe wnaeth Alex a fi ddechrau cwympo mas yn gynnar a bydden ni'n anghydweld â'n gilydd yn aml. Un diwrnod fe aeth pethau'n eitha gwael rhyngon ni. Y ffordd orau o gysylltu â phobol adre oedd trwy ddefnyddio Skype. Un cysylltiad rhyngrwyd oedd ym mhob stafell ac felly roedd yn rhaid cymryd ein tro i'w ddefnyddio. Ar y pryd, roedd cariad 'da fi a dwedes wrth Alex am roi gwybod i fi pan fyddai hi wedi gorffen defnyddio'r Skype er mwyn i fi allu cysylltu â fe. Ond fe aeth hi ymlaen i siarad ag un person ar ôl y llall am oriau di-ri, gan siarad â phobol nad oedd yn ffrindiau nac yn deulu agos iddi hyd yn oed. Yn y diwedd, yn oriau mân y bore, roeddwn wedi cael digon. Gwaeddes arni i roi stop ar ddefnyddio'r Skype ar unwaith ac es i ati wedyn i'w ddefnyddio fy hun. O'r foment honno, doedd pethau ddim cweit yr un peth rhwng y ddwy ohonon ni.

Roeddwn yn dod mlaen yn grêt â sawl un o'r lleill. Daeth Miss De Affrica yn ffrind da, yn ogystal â Miss Romania, Miss Sweden a Miss Alban hefyd. Fe lwyddodd Alex a fi i ddod mlaen yn well gyda'n gilydd erbyn y diwedd, ond doedden ni ddim yn ffrindiau mynwesol.

Yn ystod ein cyfnod yno roedd sawl cystadleuaeth wahanol ar ein cyfer. Doedden ni ddim yno ar gyfer y brif seremoni'n unig. Yn wir roedd pump cystadleuaeth i gyd – cystadlaethau chwaraeon, talent, modelu, gwisgo bicini ac un oedd yn ymwneud â'n gwaith elusennol. Doedd fawr o ddiddordeb 'da fi yn y cystadlaethau bicini na modelu. Dydy dweud eich bod yn edrych yn dda mewn dillad nofio ddim yn dalent y gallwch fod yn falch iawn ohoni. Ac yn bum troedfedd chwe modfedd, doedd fawr o obaith 'da fi yn y gystadleuaeth modelu.

Ond roedd yn hwyl cymryd rhan ynddyn nhw fel mae'n digwydd, yn ogystal â'r sioe ffasiynau yn yr awyr agored. Roedd y lleoliad yn ffantastig, y *catwalk* ei hun yn anferth a chyn ei gyrraedd, roedd yn rhaid cerdded i lawr y grisiau anferth. Roedd yn rhaid i ni ymarfer pob cystadleuaeth sawl gwaith a doedd y sioe ffasiynau ddim yn eithriad. Roedd trefnwyr Miss Byd wedi rhoi trefniadau'r holl sioe yn nwylo cwmni cynhyrchu o China. Yn anffodus, weithiodd hynny ddim yn dda iawn ac roedd yr iaith yn broblem.

Fe fuon ni wrthi'n ymarfer am dros 16 awr, a

phethau'n newid bob dwy funud. Yn y diwedd fe ddaeth popeth at ei gilydd ac roedd y sioe yn edrych yn anhygoel, y goleuo'n wych a'r holl ddigwyddiad yn ddramatig. Roeddwn i'n gwisgo ffrog oedd fel petai wedi'i gwneud o bapur. Roedd fy ngwallt wedi cael ei wneud yn hyfryd ac wedi'i gribo'n ôl. Roedd yn brofiad arbennig i fod yn rhan o'r fath sioe.

Pleser hefyd oedd bod yn rhan o'r gystadleuaeth chwaraeon. Roedd yna brofion ffitrwydd amrywiol ac fe gyrhaeddes i'r grŵp ola. Draw â ni wedyn i westy moethus anhygoel arall lle roedd yn rhaid i ni wneud sbrints a rasys cyfnewid, y naid hir a nofio. Fe ddes i'n bumed yn y nofio ac fe enillodd ein tîm ni'r gystadleuaeth chwaraeon.

Y gystadleuaeth dalent oedd nesa. Yn naturiol ddigon, fe ddewises i ganu, a chanu'r caneuon 'You'll Never Walk Alone' ac 'Ave Maria'. Roedd Alex wedi dewis canu hefyd. Ond, yn anffodus, aeth hi ddim drwodd i'r rownd nesa a doedd hynny ddim wedi plesio nac wedi gwella'r awyrgylch yn ein stafell.

Pleser ychwanegol i fi ar noson y sioe dalent oedd fod fy rhieni wedi hedfan i China am wyliau. Roedden nhw yno yn y gyngerdd ond ches i ddim siarad rhyw lawer â nhw. Yn wir, bob tro y cawn eu gweld, byddai rhywun yn eistedd gyda ni ac yn gwrando ar yr hyn roeddwn yn ei ddweud.

Fe ddes i'n ail yn y sioe dalent, ac roeddwn yn ddigon hapus ar hynny. Roedd y ferch ddaeth yn gynta yn ferch i ryw wleidydd o China – ond dydw i ddim yn dweud bod unrhyw ddylanwad ar y broses y noson honno, mwy nag sydd ar ein noson *Eurovision* ni adre! Doeddwn i ddim wedi canu ar fy ngorau y noson honno chwaith, rhaid cyfadde hynny.

Tra oeddwn i yn China, roedd criw ffilmio o Gymru yn llunio rhaglen amdana i ar gyfer S4C yn Gymraeg a HTV yn Saesneg. Roeddwn yn ofni y byddai hynny'n bwysau ychwanegol arna i. Ond fel mae'n digwydd, roedd yn hwyl – yn hwyl i fi, beth bynnag. Roedd hyn yn ben tost i'r bobol PR oedd yn edrych ar ein hôl mor ofalus, yn enwedig i'r boi o'r Iseldiroedd. Pan fyddwn yn gwneud cyfweliadau ar gyfer y rhaglen Saesneg, roeddwn yn ofalus iawn ynglŷn â'r hyn roeddwn yn ei ddweud. Ond yn y cyfweliadau Cymraeg, doedd dim angen bod mor ofalus ac roedd hynny'n deimlad grêt! Wedi un sesiwn o gyfweliadau ar gamera, roedd y boi PR yn gorfod cerdded 'nôl gyda fi i fy stafell – wrth gwrs. Roedd yn gwbl amlwg fod y cyfweliad a wnes i yn Gymraeg yn ei fecso'n fawr.

'You used the word "disappointing" in the Welsh interview. Why did you say that?'

Doedd 'da fi ddim bwriad i'w ateb. Ymlaen â fi i fy stafell gan fwynhau'r ffaith 'mod i'n gallu i siarad Cymraeg ychydig bach mwy.

Daeth noson y ffeinal fawr wedyn a fy nheulu'n dal yn China ar gyfer y noson, ac yn naturiol roedd hynny'n golygu cymaint i fi. Cawson ni wybod y byddai pob un ohonon ni'n cael ein beirniadu yn y ffeinal ar ein gwisgoedd gyda'r nos. Byddai'r penderfyniad terfynol yn cael ei wneud wedyn. Ond roedd sawl un yn credu bod y penderfyniad wedi'i wneud yn barod. Dim ond un ferch gafodd ymweliad gan y steilydd gwallt a'r bobol coluro yn ystod y dydd, a hi oedd y ferch enillodd ar y noson. Pwy oedd hi? Yr un oedd yn rhannu stafell 'da fi – Alex, Miss USA!

Doedd gan neb fawr o wrthwynebiad mai hi oedd wedi ennill. Ond roedd yn fy mhoeni i fod y gystadleuaeth yn bwydo'r ddelwedd draddodiadol o Miss hyn a'r llall. Yn y cyfweliadau ar noson y ffeinal, roedd Miss Twrci yn yr un stafell â Miss USA. Roedd Miss Twrci yn astudio i fod yn bensaer, yn ferch alluog a'r ddawn 'da hi i fynegi ei hun yn dda iawn. Cafodd Alex ei holi beth oedd ei diddordebau yn ei hamser sbâr. Dywedodd ei bod wrth ei bodd yn saethu caniau tun yn yr iard gefn. Mae'n amlwg pa ddelwedd roedd y trefnwyr am ei hyrwyddo.

Dysges un wers bwysig yn fy nghyfweliad ar y noson ola. Dywedodd un o'r beirniaid wrtha i, 'You've appeared in a lads' mag, haven't you?'

Roedd yn fwy o gyhuddiad nag o gwestiwn. Trwy lwc, roeddwn yn gwybod am beth roedd hi'n sôn. Tua deuddydd wedi i mi ennill Miss Cymru, ces wybod bod angen tynnu lluniau ohona i mewn bicini. Roeddwn yn rhy naïf i ddeall yn iawn beth oedd oblygiadau hynny. Ychydig wedyn, ces alwad ffôn gan ffrind yn dweud iddi weld llun ohona i mewn cylchgrawn i ddynion o'r enw *Nuts*. Roedd y ffotograffydd wedi gwerthu'r lluniau i'r cylchgrawn, ac yn ôl pob tebyg roedd perffaith hawl 'da fe i wneud hynny. Ond roedd eu rhoi yn y cylchgrawn yn rhoi'r argraff 'mod i'n cytuno â hynny hefyd, er nad oeddwn i. Nid dyna'r ddelwedd dwi isie ei chyfleu.

Tua chyfnod Miss Byd hefyd gwnes gyfweliad i bapur newydd. Yn ystod y cyfweliad, gwnaeth y newyddiadurwr hwnnw sylw amdana i.

'You've lost a lot of weight recently, haven't you?'

Atebes yn gwbl ffeithiol gywir fy mod wedi

colli pwysau. Yna aeth yn ei blaen i holi oedd problem bwyta 'da fi. Doedd hynny ddim yn wir o gwbl ac roeddwn yn gweld ei bod yn creu'r argraff hollol anghywir ohona i.

Roedd y ddau beth hyn wedi dangos i fi'n weddol gynnar, diolch byth, mor ofalus mae'n rhaid bod wrth ddelio â'r wasg ac wrth greu delwedd gyhoeddus i fi fy hun. Mae yna bobol mas fan'na sy'n meddwl mai nhw sydd yn berchen arna i am 'mod i wedi cael rhywfaint o sylw cyhoeddus.

Wrth edrych 'nôl dros y cyfnod yn China, doedd yr anghytuno achlysurol rhwng Alex a fi yn ddim byd o'i gymharu â'r tensiwn emosiynol fuodd yn mynd trwy feddwl un o'r merched yn benodol.

Drws nesa i stafell Alex a fi roedd Miss Twrci a Miss Slofenia yn rhannu stafell. Roedd pawb wedi sylwi bod Miss Slofenia ychydig yn swil, ond ymhen rhai dyddiau, daeth yn fwy amlwg fod ei hymddygiad yn gallu bod braidd yn od o bryd i'w gilydd. Daeth i lawr i gyntedd y gwesty un tro â'i gwallt yn wlyb diferol. Dro arall roedd yn rhedeg ar hyd y coridor yn sgrechian nerth ei phen. Ac yna un noson, fe wnaeth Alex fy ysgwyd er mwyn fy neffro ganol nos a'i hwyneb, yn amlwg, yn llawn dychryn. Wedi i fi ddeffro, roeddwn yn gallu clywed y sgrechian mwya dychrynllyd posib. Wna i byth anghofio'r sgrechian hwnnw am weddill fy mywyd. Yna, heb rybudd, daeth y sgrechian i ben am gyfnod. Yna'n dilyn y sgrechian gallwn glywed y canu mwya swynol roeddwn wedi'i glywed erioed. Roedd Alex a fi'n edrych ar ein gilydd yn hollol syn.

Dechreues bryderu am Miss Twrci wedyn, gan nad oeddwn i'n gallu clywed ei llais hi o gwbl. Y funud nesa, roedd Miss Slofenia yn gweiddi allan drwy'r ffenest a sŵn pethau'n torri yn y stafell drws nesa. Fe aeth pethau o ddrwg i waeth wrth i ddrws ein stafell ni gael ei wthio ar agor a dynion tân yn rhuthro i mewn. Roedden nhw wedi cael eu galw rhag ofn fod rhywun yn ceisio neidio drwy ffenest ei stafell wely. Ar yr hewl o dan y ffenest roedd matras anferth wedi cael ei roi, rhag ofn. Wedyn daeth pobol i mewn a symud Alex a fi allan. Dwi'n cofio iddyn nhw roi rhywbeth dros ein llygaid fel na allen ni weld beth oedd yn digwydd, ond fe weles ddigon i sylwi bod y coridor yn llawn o bobol, nifer ohonyn nhw'n gwisgo cotiau gwyn. Dealles fod Miss Twrci yn iawn, ond wrth gerdded heibio'i stafell, gweles fod y stafell honno wedi cael ei throi wyneb i waered a hyd yn oed y sinc wedi'i rwygo o'r wal. Roedd yn union fel ffilm arswyd.

Y bore wedyn, galwodd trefnydd Miss Byd, Julia Morley, y merched at ei gilydd. Esboniodd fod Miss Slofenia wedi diodde o *post-traumatic stress*. Roedd hyn oherwydd y rhyfel erchyll a fu yn ei mamwlad a bod ei theulu a'i ffrindiau wedi diodde. Yn naturiol roedd y digwyddiad yn rhoi'r gystadleuaeth yn China yn ei chyd-destun priodol. Roedd hi wedi byw trwy un o ryfeloedd erchyll y blynyddoedd diweddar a ninne yn China yn brwydro i ennill cystadleuaeth harddwch.

I wneud pethau'n waeth, chlywson ni ddim sôn am Miss Slofenia yn dilyn y cyfarfod â Julia Morley. Roedd hi wedi cael ei rhoi i'r naill ochr yn llwyr. Rhoddodd y digwyddiad hwn y persbectif iawn ar fywyd i fi, wrth feddwl am broblemau Miss Slofenia.

PENNOD 8: MILWYR A DUDLEY

Ces gais annisgwyl yn ystod haf 2011, cais a agorodd ddrws newydd arall i fi. Ces wahoddiad i gymryd rhan yng nghyfres Nadolig Dudley ar S4C, *Pryd o Sêr*. Roedd gofyn i fi ymuno â phobol eraill oedd yn cael eu hystyried yn sêr ar gyfer cystadleuaeth goginio. Gan nad oeddwn i'n cael dweud wrth neb y byddwn i ar y gyfres, job anodd iawn oedd peidio â rhoi'r newyddion ar Facebook a Twitter. Dwi'n hoff iawn o'r rhwydweithiau cymdeithasol, ond roedd yn rhaid cadw'n dawel. Doeddwn i ddim yn gwybod pwy arall oedd yn cymryd rhan yn y gyfres 'da fi nac yn gwybod ble y bydden ni'n cystadlu. Ces gyfarwyddiadau digon cryptig fel 'dewch â welingtons gyda chi' a 'peidiwch ag anghofio'ch pasbort'!

Doedd yr wybodaeth am basbort yn amlwg yn ddim byd mwy na jôc. Wnes i ddim sylwi bod angen pasbort i groesi'r dŵr i Ynys Môn beth bynnag! Dyna lle'r aeth yr wyth ohonon ni yn y diwedd. Yr ofn mwya oedd 'da fi oedd na fyddwn i'n adnabod unrhyw un o'r lleill ac y byddai hynny'n embaras llwyr. Ond, diolch byth, roeddwn yn adnabod rhai ohonyn nhw.

Wrth gerdded i mewn i'r stafell lle roedden ni i gyd yn cyfarfod, fe weles Siân Lloyd, cyflwynwraig ar newyddion BBC Cymru, ac wedyn Wyn Davies, aelod o Only Men Aloud. Gwnaeth hynny i fi deimlo'n well yn syth. Daeth Hywel Davies, y joci, i mewn wedyn ac aeth y pedwar ohonon ni mewn bws mini ar ein taith. Roedd Wyn yn gymeriad a fyddai'n canu drwy'r amser, Siân yn fenyw ddeallus a hyfryd tra bod Hywel jyst yn nyts!

Wedi i ni gyrraedd Ynys Môn, a dim un ohonon ni ag unrhyw syniad o flaen llaw mai dyna lle roedden ni'n mynd, fe wnaethon ni gyfarfod â'r lleill. Roedd Ffion 'Gwallt' sy'n actio yn *Rownd a Rownd* ar hyn o bryd yno, Rhodri Ogwen, o Sky Sports a gynt o raglen Rolf Harris. Cwrddes i hefyd ag Eleanor Burnham, y cyn-Aelod Cynulliad ac yn ola, Steffan Rhodri, sef Dave Coaches o *Gavin and Stacey*. Dyna ni, felly, yr wyth a fyddai'n coginio am wythnos.

Daeth y cyfle cynta i ddod i nabod ein gilydd o amgylch y bwrdd y noson honno wrth i ni rannu pryd o fwyd gyda'n gilydd. Un peth a ddaeth yn amlwg mewn sgwrs rhwng Steffan Rhodri a fi oedd ei fod e'n nabod fy nhad ac wedi cyfarfod â fi pan oeddwn tua tair oed. Roedd wedi bod ar gwrs awyr agored yn Storey Arms a Dad oedd yn ei arwain. Buodd y noson honno'n help i ni ddechrau ymlacio ond doedd dim syniad 'da'r un ohonon ni beth oedd yr union dasgau oedd o'n blaenau ar *Pryd o Sêr*. Wrth weld cymaint o raglenni tebyg ar y teledu, mae'n rhwydd meddwl bod pawb sy'n cymryd rhan yn gwybod yn union beth fydd yn digwydd. Ond wir, doedden ni ddim yn gwybod, ac roedd pob sioc a siom ar ein hwynebau'n hollol naturiol!

Y dasg ar y bore cynta oedd mynd i fferm gyfagos. Roedd beiciau cwad yn aros amdanon ni. Wedi newid i'r jympsiwts oedd wedi'u rhoi ar ein cyfer, i ffwrdd â ni trwy'r goedwig ar y beiciau a chael lot o sbort. Yn nes ymlaen, fe gyrhaeddon ni ddarn o dir agored ynghanol y goedwig. Dyna lle gweles i Emma Walford, cyflwynwraig y gyfres, yn sefyll o flaen dau fwrdd. Un peth wnes i ei ddweud cyn gwneud y gyfres oedd, 'Dwi ddim isie gwneud dim byd â chwningod.' Beth oedd ar y byrddau o'n blaen? Ie, cwningod.

I wneud pethau'n waeth, roedd angen paratoi'r cwningod yn gynta. Hynny yw, eu blingo, tynnu eu perfedd a'u torri er mwyn eu coginio. Does arna i ddim ofn gwaed o gwbl. Nid dyna oedd y broblem. Yr arogl oedd yn ofnadwy. Roedd yn ffiaidd. Wrth fynd ati i wneud y gwaith roeddwn yn teimlo'n eitha cyfoglyd. Roedd yr arogl yn fy ngwallt ac ar fy nghroen am ddyddiau wedyn.

Ond roedd Dudley wedi meddwl am rywbeth gwaeth i ni. Lawr â ni wedyn i ladd-dy lle roedd ceirw yn aros i gael eu blingo a'u trin. Roedd hynny'n waith caled iawn ac roedd yn rhaid defnyddio llif. Roedd yr arogl fan'na hefyd yn gryf iawn. Ond yr hyn sy'n aros yn y cof am y gwaith ar y ceirw oedd sŵn eu crwyn yn rhwygo oddi ar eu cyrff. Roedd yn ofnadwy! Wedi gadael y lladd-dy, roedd lot mwy o barch yn sicr 'da fi at y bobol hynny sydd yn gorfod paratoi'r bwyd rydyn ni'n ei fwyta.

Ochr yn ochr â Dudley, roedd *chef* proffesiynol hefyd yn gweithio ar y gyfres. Roedd Aled Williams wedi gweithio gyda rhai o *chefs* mawr y byd, fel Gordon Ramsay a Heston Blumenthal. Roedd yn foi hyfryd a digon o amynedd ganddo. Profiad arbennig oedd ei weld yn coginio bwyd ac yn ein dysgu ni sut i goginio.

Erbyn yr ail ddiwrnod, roedd disgwyl i ni allu paratoi pryd o fwyd ar ein pennau'n hunain ac nid jyst mewn tîm. Cododd hynny lond twll o ofn arna i. Ar y bwrdd o'm blaen roedd wyau a thatws a llawer o nwyddau eraill. Doedd dim syniad 'da fi beth i'w wneud â nhw! Diolch byth, daeth Wyn draw ata i ac awgrymu gwneud *frittata*. Wedi iddo esbonio beth oedd hwnnw, mlaen â fi i'w baratoi. Roedd y pwysau arna i'n aruthrol gan fod y camerâu yn fy wyneb drwy'r amser a'r cloc yn fy erbyn. Roedd Dudley ac Aled yn edrych arna i fel athrawon mewn dosbarth ysgol. Doedd fy ymdrech ddim yn wych o gwbl, ond roedd cam cynta'r broses drosodd.

Fe aeth sawl un o'r sialensau coginio eraill yn iawn, diolch byth. Ond fe ddaeth un drychineb arall. Roeddwn yn gyfrifol am baratoi prif gwrs. Dewises baratoi ysgwydd cig oen a chafodd panel o feirniaid eu dewis i flasu'r bwyd, sef y bobol leol oedd wedi gwerthu eu cynnyrch i ni. Roedd un fenyw wedi beirniadu fy nghig oen yn llym iawn drwy ddweud ei fod bron yn fyw ar ei phlât! Doeddwn i ddim yn disgwyl bod mor ypset wedi i fi glywed ei geiriau. Ond roeddwn i wedi teimlo'i geiriau i'r byw gan 'mod i wedi gweithio'n galed yn ei baratoi, ac isie gwneud fy ngorau. Felly, roedd clywed ei geiriau'n brifo. Ond doedd hynny ddim yn mynd i chwalu fy hyder. Y diwrnod wedyn, diwrnod y sialens ola, roedd y cig a goginies i'n berffaith. Roeddwn wedi gwrando ar sylwadau'r diwrnod cynt ac wedi dysgu oddi wrth fy nghamgymeriadau.

Fe ddysges i lot fawr ynglŷn â bwyd a

choginio yn y gyfres. Fe ddysges sut roedd paratoi cranc, er enghraifft, a doedd dim syniad 'da fi fod honno'n broses mor dechnegol. Yn fwy na dim, dwi'n gobeithio i'r gyfres fod yn un cam arall yn y broses o chwalu'r *stereotype* o Miss Cymru. Mae nifer o bobol, a rhai o'm ffrindiau hefyd, yn methu deall pam nad es i'r brifysgol ar ôl gadael Coleg yr Iwerydd. Dydyn nhw ddim yn deall pam y dewises i'r llwybr a wnes i. Yn waeth na hynny, yn aml iawn does dim cyfle i fi esbonio wrth bobol. Maen nhw'n fodlon derbyn y *stereotype* sydd o'u blaen heb holi ymhellach. Roedd ambell un ar y gyfres, yn enwedig Steffan Rhodri, yn deall ac yn fy annog i gario mlaen â'r yrfa rydw i wedi'i dewis. Buodd e'n help mawr i fi.

Rydw i wedi cael gwaith ar y teledu ac ar y radio yn ystod y misoedd diwetha; yn wir, mae'r gwaith hwnnw wedi dechrau cynyddu. Mae'n waith sy'n apelio'n fawr ata i. Ond eto, mae tynfa'r canu'n gryf iawn hefyd. Bydd pobol yn aml yn gofyn i fi ddisgrifio fy steil o ganu, ond mae'n anodd gwneud hynny. Byddai fy nghymharu â chantorion eraill yn gamarweiniol – a falle'n annheg â nhw! Yn sicr, mae dylanwad clasurol yn gryf ar fy nghanu gan 'mod i wrth fy modd â byd yr opera, er enghraifft. Byddaf yn aml yn cael siom wrth fynd i weld opera, a sylweddoli mai fi fel arfer yw'r ifanca yn y theatr, a hynny o bell ffordd. Mae pobol yn dweud eu bod yn hoffi operâu sebon. Wel, beth sy'n cynnig mwy o opera sebon nag opera ei hun? Mae digon o ramant, eiddigedd, cynllwynio, teuluoedd yn cwympo mas, llofruddiaethau, *affairs* a phob peth arall mewn opera.

Dwi ddim yn credu bod pobol ifanc yn cael y dewis o fynd i weld operâu. Dydyn nhw ddim yn cael y cyfle i weld a ydyn nhw'n eu hoffi ai peidio. Os nad ydyn nhw'n eu hoffi ar ôl cael y cyfle i'w gweld, yna mae hynny'n fater arall. Dwi'n bendant y byddwn i wrth fy modd yn cael y cyfle i ganu mewn opera ryw ddydd. Ond, yn y cyfamser, falle mai trio dod o hyd i ffordd o bontio'r bwlch rhwng opera a byd cerddoriaeth gyfoes yw'r nod.

Ac fel arfer, bydd pobol yn gofyn i fi, ai isie bod yn rhyw fath o Katherine Jenkins nesa ydw i? Mae'r ateb yn syml. Nage. Dwi'n ffan mawr ohoni hi ac mae wedi gwneud lot fawr i ddatblygu math o gerddoriaeth sydd yn pontio dwy steil wahanol. Ond does dim modd i fi fod yn Katherine Jenkins, a does dim angen Katherine newydd. Mae'n rhaid i fi ddod o hyd i fy ffordd fy hun o gyfrannu i'r byd canu. A chyn eich bod chi'n gofyn y cwestiwn nesa

– na, dydw i ddim am fod yn ail Charlotte Church chwaith.

Fe alla i drio creu steil i fi fy hunan drwy wrando ar y dylanwadau amrywiol sydd wedi bod ar fy mywyd. Mae fy nhad yn gallu canu'n hyfryd ac fe aeth fy chwaer i Ysgol y Gadeirlan, Llandaf, lle buodd yn canu cerddoriaeth eglwysig. Dwi wedi cael lot o brofiad o fyd yr eisteddfod ac mae alawon gwerin a cherdd dant wedi bod yn amlwg iawn yn fy mywyd. Yng Ngholeg yr Iwerydd, fe wnes i wrando ar gerddoriaeth o China, Affrica a sawl gwlad arall. Mae cerddoriaeth fel iaith, yn rhywbeth sy'n cynnig amrywiaeth cyfoethog, a gwrando ar y dylanwadau amrywiol hynny yw'r ffordd i fi ddod o hyd i fy llais fy hun.

Daeth cyfle ar ddiwedd y flwyddyn 2011 i fi arbrofi ymhellach. Fe gwrddes â rhai pobol sy'n cyfansoddi caneuon. A nawr rydyn ni wrthi'n cyfansoddi ac yn recordio fel y bydd rhywbeth 'da fi i'w chwarae i gwmnïau a chynhyrchwyr sydd am glywed fy ngwaith. Mae hyn wedi agor byd newydd, cyffrous arall i fi hefyd, a dwi wedi dechrau sgrifennu geiriau i'r caneuon hyn. Mantais gweithio yn y ffordd yma yw bod modd rheoli'r cynnyrch. Rydw i wrth fy modd ag offerynnau llinynnol a'r piano a threfniannau cerddorfaol. Mae'n siŵr mai mynd ar hyd llwybr y byd pop fyddwn i wedi'i wneud petai Sony neu EMI wedi cael gafael yndda i. Dyna oedden nhw'n ei gredu oedd yn cyd-fynd â'r ddelwedd roedden nhw am ei chreu ohona i. Os nad pop, yna gofyn i fi ganu 'Ave Maria' neu 'Danny Boy' fydden nhw. Sawl gwaith mae'r caneuon hyn wedi cael eu canu?

Mae 'na risg enfawr yn y ffordd dwi'n mynd ati nawr gan 'mod i'n disgwyl i gwmnïau recordio gymryd risg hefyd, heb wybod a fydd fy neunydd i'n gwerthu. Mae cwmni Universal wedi dweud eu bod yn awyddus i glywed y caneuon rydyn ni wedi'u cyfansoddi a'u recordio, a dwi hefyd wedi cysylltu ag ambell gwmni recordio arall.

Mae un cais newydd fy nghyrraedd, sef gwahoddiad i ganu yn oedfa goffa Gary Speed. Bydd cymryd rhan yn y gwasanaeth yn sicr yn fraint, does dim amheuaeth am hynny. Ond oherwydd bod pawb yn meddwl cymaint ohono a'r ffordd ofnadwy o drist y daeth ei fywyd i ben, bydd yn brofiad digon anodd, mae'n siŵr.

Byddaf yn canu unwaith eto yng Nghaerdydd yn yr haf, yn Neuadd Dewi Sant y tro 'ma. Ces gais anhygoel ac annisgwyl cyn y Nadolig gan y grŵp poblogaidd The Soldiers yn gofyn i fi ganu yn eu cyngerdd yng Nghaerdydd. Mae'r gyngerdd yn rhan o daith y grŵp trwy Brydain. Tri milwr sydd yn y grŵp a daw un ohonyn nhw, sef Idzi, o Gaerffili. Maen nhw wedi creu hanes yn barod am mai nhw ydy'r milwyr cynta erioed, sy'n dal yn gwasanaethu yn y fyddin, i gael caneuon yn neg uchaf y siartiau. Fe wnaethon nhw ganu i'r Frenhines yn ddiweddar ac maen nhw wedi bod ar rai o brif raglenni adloniant y teledu. Mae gobaith hefyd y caf i ganu mewn ambell gyngerdd arall ar eu taith. Gobeithio y caf y cyfle i ganu rhai o fy nghaneuon gwreiddiol ar y noson hefyd.

Mae Miss Cymru yn bendant yn perthyn i'r gorffennol erbyn hyn. Roedd yn deitl a ges am flwyddyn o 'mywyd yn unig ac yn rhan o gynllun ehangach i drio datblygu gyrfa ym myd canu. Mae'r yrfa honno wedi cael cyfnodau digon anodd yn barod, ac rydw i wedi cael sawl siom. Eto i gyd, dwi'n hapus fy mod i ar y llwybr cywir. Mae'n deimlad digon cyffrous wrth feddwl i ble fydd y llwybr hwn yn mynd â fi dros y blynyddoedd nesa.

Hefyd yn y gyfres:

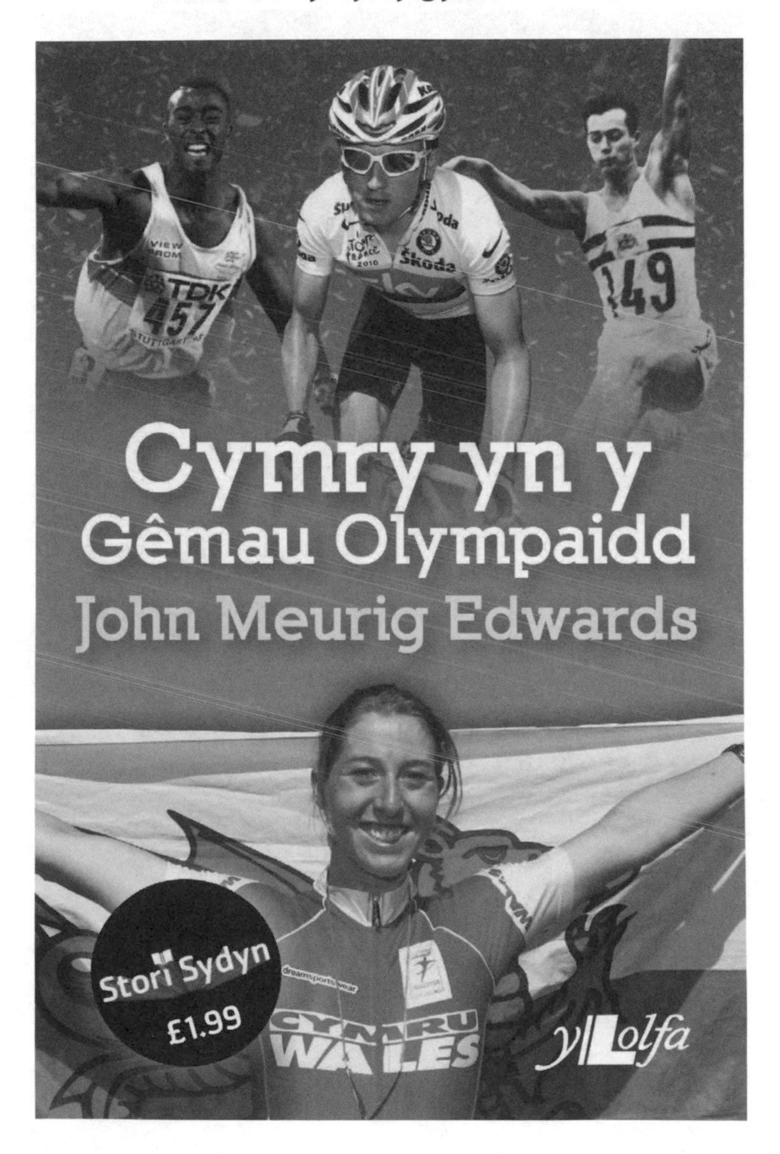

IDRIZAJ
IDRIZAJ
IDRIZAJ
YR ELYRCH
DATHLU'R 100
GERAINT H.
JENKINS
Stori Sydyn
£1.99
y Lolfa

Hefyd o'r Lolfa

£14.95

£9.95

£9.95

Am restr gyflawn o lyfrau'r Lolfa, mynnwch
gopi o'n catalog newydd, rhad
neu hwyliwch i mewn i'n gwefan

www.ylolfa.com

lle gallwch archebu llyfrau ar lein.

TALYBONT CEREDIGION CYMRU SY24 5HE
ebost ylolfa@ylolfa.com
gwefan www.ylolfa.com
ffôn 01970 832 304
ffacs 832 782